누구나
쉽고 재미있게

사고력 수학

노크

C1
(10~11세)

수

이 책을 보시는 부모님들께

머리가 좋아야 수학을 잘 한다는 말이 있습니다. 또, 수학을 잘 못하는 아이는 아빠, 엄마의 머리를 물려받아서 그렇다는 등의 난데없는 유전자 논쟁이 벌어지기도 합니다. 하지만 많은 사람들의 일반적인 생각과는 달리 이는 근거없는 이야기입니다. 외국의 한 연구 기관에서 언어, 사회, 수학, 과학의 네 가지 분야 중 어떤 것이 아동의 선천적 재능에 영향을 받는지 조사한 연구 결과를 발표했는데 일반적인 예상과는 다르게 선천적 재능에 영향을 받는 순서는 사회, 언어, 과학, 수학 순이었습니다. 다시 말해, 수학은 여러 학문 분야 중 선천적인 재능보다는 후천적인 환경이나 교육자, 학습자의 노력에 가장 큰 영향을 받는 학문이라 볼 수 있습니다. 수학의 가장 기본이 되는 '수 영역'의 예를 들어 보겠습니다. 아이들이 수를 처음 접하는 시기의 차이는 있지만 실제 수에 대한 감각과 수를 다루는 연습은 생활 속에서의 체험이나 다양한 활동, 학습 속에서 이루어집니다. 즉, 수학의 가장 기본이 되는 수는 선천적으로 가진 재능과는 거의 연관이 없으며 자라나면서 어떤 환경에 놓이는지, 얼마나 많이 수를 생각할 수 있는 기회가 있는지, 나이에 맞는 올바른 학습을 만날 수 있는지에 좌우됩니다. 그러므로 아이의 수학적 발달에 문제가 있다면, 그 아이가 누구를 닮아서 그런지, 지능이 떨어지는지를 따질 것이 아니라 수학적 힘을 기를 수 있는 학습 환경을 어떻게 만들어줄 것인가를 고민해야 합니다.

국제영재교육연구소의 랜즐리 소장은 영재의 기준을 마련하기 위해 여러 연구를 시행한 결과, 영재의 공통적인 특징들을 발견하였습니다. 첫째는 115 이상의 지능지수(IQ), 둘째는 창의력(Creativity), 셋째는 동기적 요소라고 부르는 끈질긴 근성과 과제집착력이었습니다. 이들 세 가지 요소 역시 선천적으로 타고 나는 부분도 물론 있겠지만 대부분 후천적인 학습이나 교육 활동을 통해 기를 수 있는 능력이라는 데에 이의를 제기하기는 힘듭니다.

이 처럼 수학적 능력은 후천적 학습 환경에 주로 좌우되며, 특히 어린 시절에는 그러한 경향이 더더욱 두드러집니다. 하지만 우리의 아이들을 둘러싼 수학적 환경을 다시 한 번 돌아봅시다. 초등학교를 들어가기 전부터 과도한 학습량과 무의미한 반복 활동, 이후의 수학 학습에 오히려 방해가 될 정도로 무리한 선행 학습 등의 환경은 아이의 수학적 힘을 길러주기보다는 수학에서 가장 중요한 창의적 사고력을 기를 수 있는 기회를 박탈함과 동시에 수학에 대한 흥미를 급속하게 떨어뜨리게 하여 수학으로 문제를 해결하려는 의지, 즉 수학적 동기를 스스로에게 부여하는 것을 불가능하게 만들어 버립니다. 중요한 것은 남들보다 먼저, 그리고 더 많이 수학적 지식을 머리 속에 주입하는 것이 아니라 태어나서부터 누구나 가지고 있는 수학에 대한 관심, 그리고 수학으로 생각하는 힘을 일깨워주는 것입니다.

수학을 잘할 수 있는 힘,

수학적 잠재력은 이미 여러분 아이들의 머릿 속에 줄곧 있어왔습니다. 단지 어떤 아이는 그것을 찾아내어 드러낼 수 있었고, 어떤 아이는 꼭꼭 숨긴 채 평생 드러나지 않을 뿐입니다. 이러한 수학적 잠재력에 대한 참신한 자극 − 생각을 두드리는 '노크'를 제안하려 합니다. '노크'는 수학적 지식과 스킬만을 무리하게 밀어넣지 않습니다. 왜 수학을 해야 하고, 어떻게 수학으로 가능한지 끊임없이 스스로 생각하게하는 계기로서의 활동이 되려 합니다. 일상으로부터 괴리된 학문으로서의 수학이 아닌, 삶을 살아가며 반드시 키워야 할 논리적, 합리적 사고력을 기를 수 있는 누구에게나 가장 중요한 경쟁력으로서의 수학을 주장합니다. '노크'야말로 새로운 수학 학습의 길을 보여주는 방향타가 될 것입니다.

하 현 조

똑!똑! 사고력 수학
노크의 구성

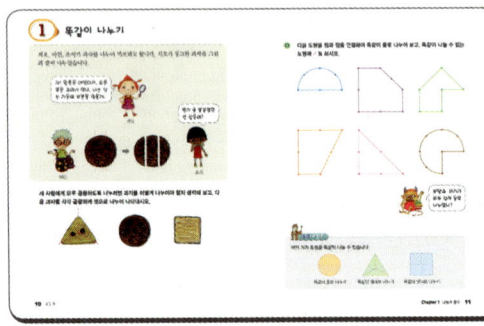

시작 : 생각열기

사고력 수학 주제에 맞는 수학적 상황, 수학사, 생활 속 수학 이야기 등의 자유로운 형식으로 흥미를 유발하고, 수학적 사고를 자극하는 주제별 프롤로그

노크 포인트

문제 해결의 핵심적 원리를 '콕!' 집어서 간결하게 요약한 사고력 수학 주제별 포인트

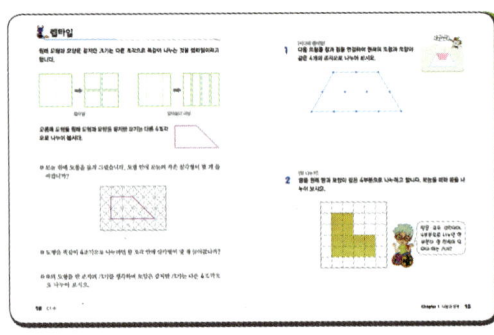

전개 : 유형 탐구

사고력 수학의 대표 유형을 노크만의 새로운 방법으로 차근차근 한 단계씩 익히고 해결하는 단계적 유형 탐구와 이를 통해 익힌 방법적 원리를 적용, 확장하는 확인 문항

수학 요정들의 친절한 충고와 꼬마 요괴들의 밉살스럽지만 유용한 조언으로 어려운 발전 문항의 해결을 돕는 문제 해결 도우미 박스

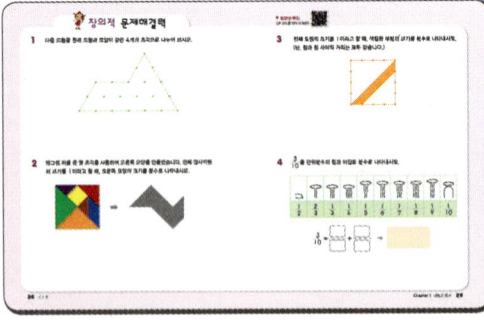

발전 : 창의적 문제해결력

3개의 사고력 수학 주제를 갈무리하는, 한 차원 높은 창의력과 복합적인 사고력을 요구하는 발전 문항의 끝판왕

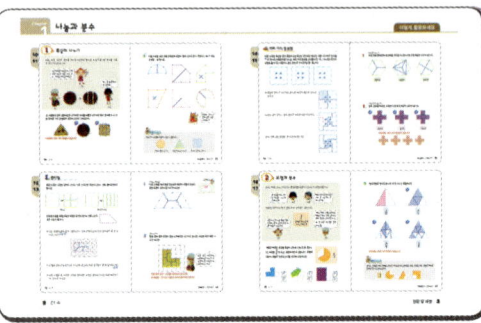

마무리 : 정답 및 해설

본문에 그대로 첨삭된 정답과 간략한 풀이 과정을 통한 사고력 수학 활동 피드백으로 마무리

노크
캐릭터 소개

지식을 되찾기 위해 노크랜드로 떠난 모험가 친구들

일단 저지르고 보는 거야!

난 궁금한 건 절대 못 참아.

침착하게 위기를 벗어나야 해.

생각으로 아주 멀리까지 날아가.

태경
활동파 리더

지오
호기심 공주

초이
조용한 전략가

아인
꼬마 천재

마법사 멀린과 수학 요정

마법사 멀린

노크랜드의 지식의 수호자. 지식을 파괴하려는 대마왕의 음모에 맞서 모험을 떠난 친구들의 든든한 조력자.

아르키메데스 **페르마** **플라톤**

파스칼 **피타고라스** **가우스**

유클리드 **오일러**

대마왕과 꼬마 요괴

대마왕

노크랜드의 지식의 파괴자. 세계를 차지하기 위해 모든 지식을 없애버리려고 하는 요괴들의 두목.

딴소리 **한입** **장난**

딴짓 **멍하니** **잠만자**

울보 **거꾸로**

이 책의 차례

CONTENTS

Chapter 1

나눔과 분수

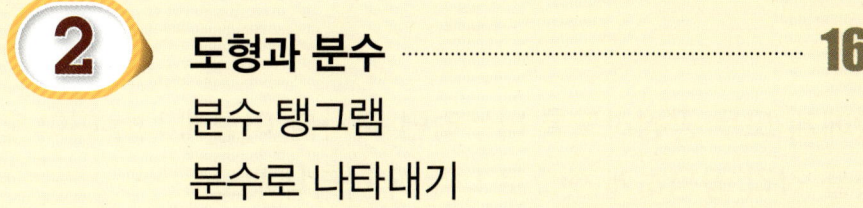

지오, 아인, 초이가 과자를 나누어 먹으려고 합니다. 지오가 동그란 과자를 그림과 같이 나누었습니다.

세 사람에게 모두 공평하도록 나누려면 과자를 어떻게 나누어야 할지 생각해 보고, 다음 과자를 각각 공평하게 셋으로 나누어 나타내시오.

다음 도형을 점과 점을 연결하여 똑같이 둘로 나누어 보고, 똑같이 나눌 수 없는 도형에 ✕표 하시오.

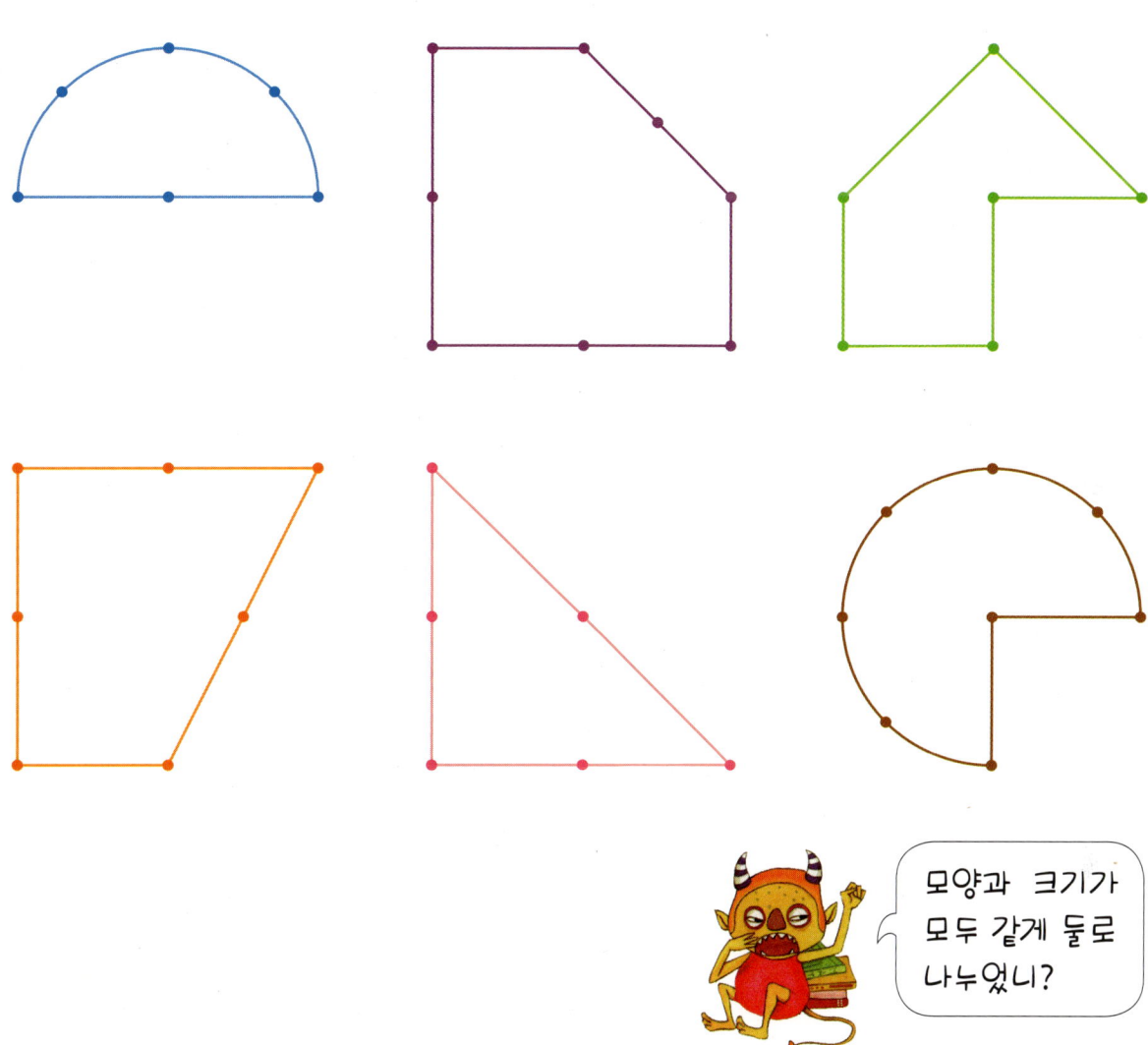

모양과 크기가 모두 같게 둘로 나누었니?

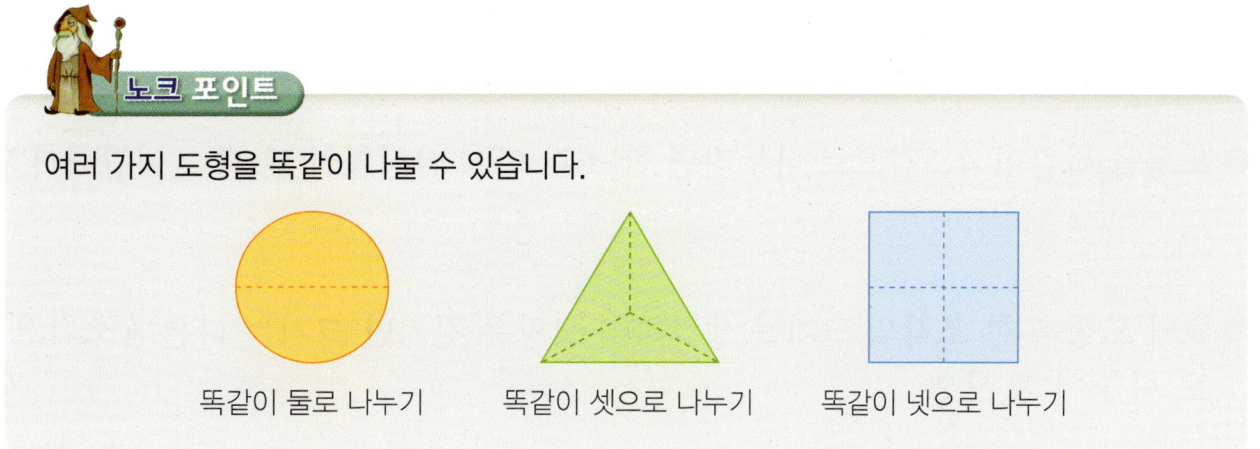

노크 포인트

여러 가지 도형을 똑같이 나눌 수 있습니다.

똑같이 둘로 나누기   똑같이 셋으로 나누기   똑같이 넷으로 나누기

 # 렙타일

원래 도형과 모양은 같지만 크기는 다른 조각으로 똑같이 나누는 것을 렙타일이라고
합니다.

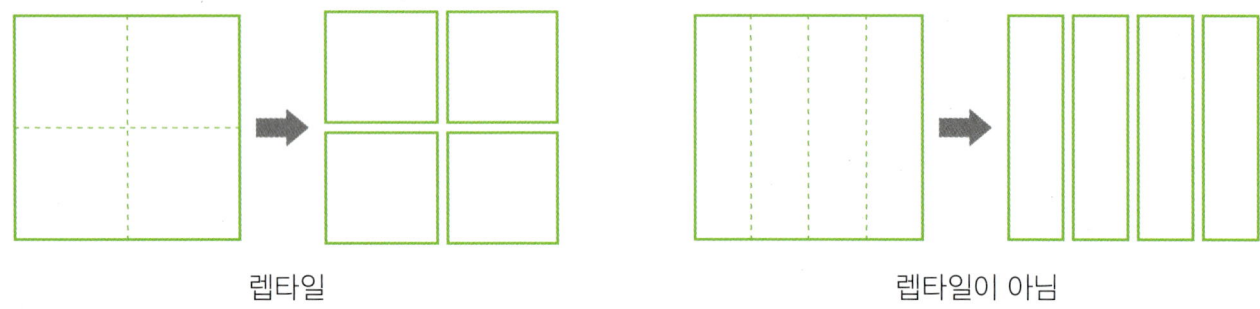

렙타일   렙타일이 아님

오른쪽 도형을 원래 도형과 모양은 같지만 크기는 다른 4조각
으로 나누어 봅시다.

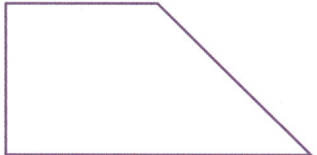

❶ 모눈 위에 도형을 옮겨 그렸습니다. 도형 안에 모눈의 작은 삼각형이 몇 개 들
   어갑니까?

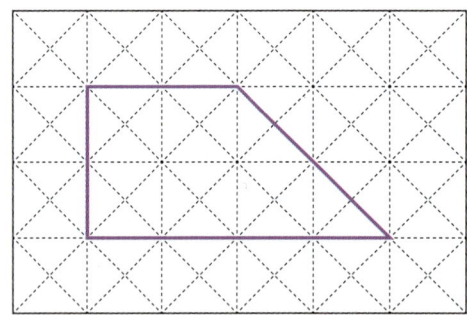

❷ 도형을 똑같이 4조각으로 나누려면 한 조각 안에 삼각형이 몇 개 들어갑니까?

❸ ❶의 도형을 한 조각의 크기를 생각하며 모양은 같지만 크기는 다른 4조각으
   로 나누어 보시오.

[사다리 렙타일]

1 다음 도형을 점과 점을 연결하여 원래의 도형과 모양이
같은 4개의 조각으로 나누어 보시오.

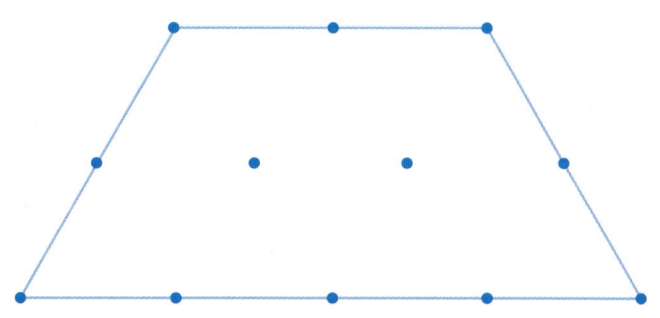

[땅 나누기]

2 땅을 원래 땅과 모양이 같은 4부분으로 나누려고 합니다. 모눈을 따라 땅을 나
누어 보시오.

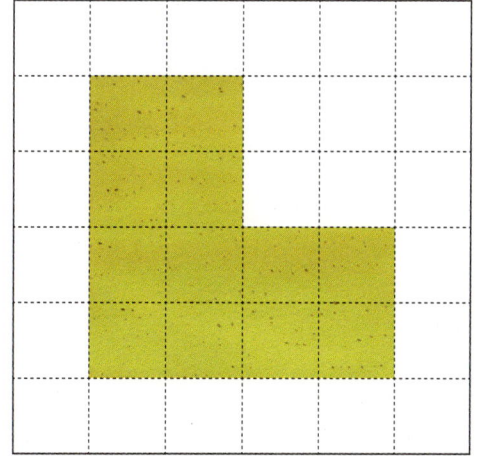

땅은 모두 12칸이야.
4부분으로 나누면 한
부분이 몇 칸씩이 되
어야 하는 거지?

여러 가지 등분법

다음 도형을 점선을 따라 똑같이 4조각으로 나누려고 합니다. 이때 나누어진 조각에 ★이 하나씩 포함되도록 나누는 여러 가지 방법을 알아봅시다. (단, 나누어진 조각의 모양을 돌리거나 뒤집어서 같은 것은 한 가지 방법으로 봅니다.)

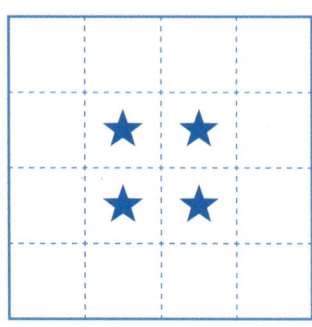 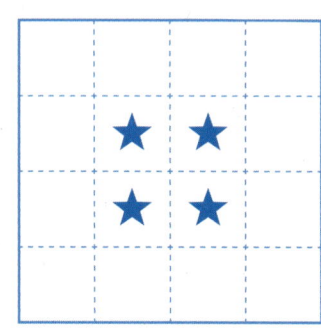 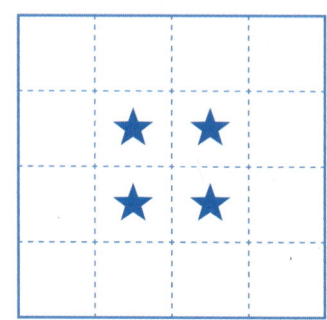

❶ 색칠한 부분이 나누어진 조각 중 하나가 되도록 나누어 보시오.

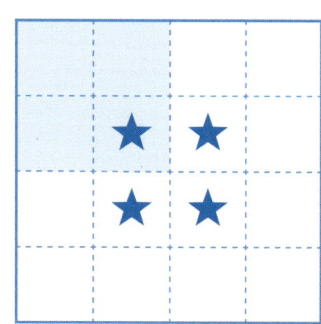

❷ 굵은 선이 나누는 선의 일부가 되도록 나누어 보시오.

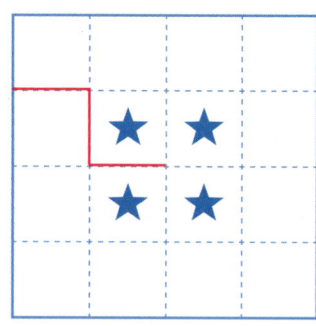

❸ ❶, ❷와 다른 방법을 하나 더 찾아보시오.

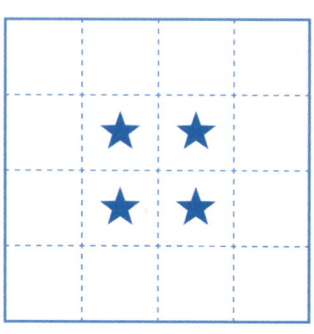

1 [육각형 나누기]
점과 점을 연결하여 육각형을 주어진 조각의 수에 맞게 똑같이 나누어 보시오.

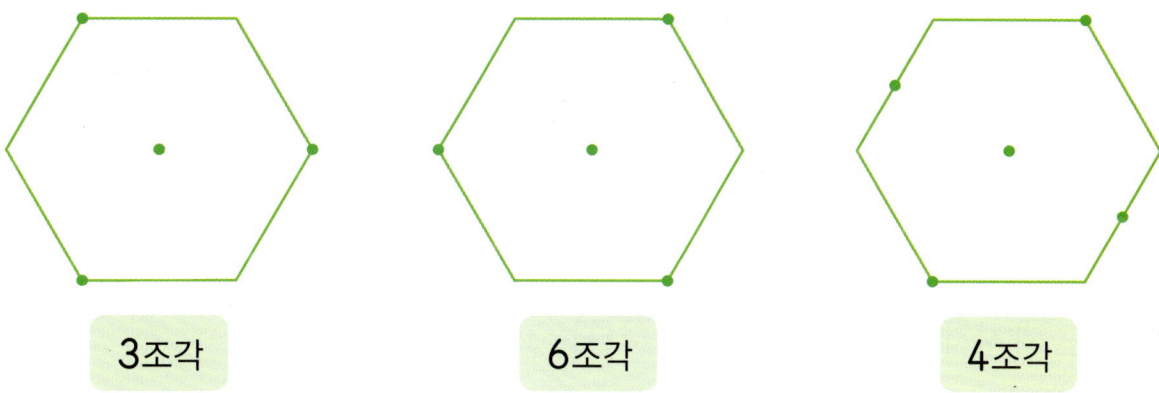

2 [십자 모양 나누기]
십자 모양을 주어진 조각의 수에 맞게 똑같이 나누어 보시오.

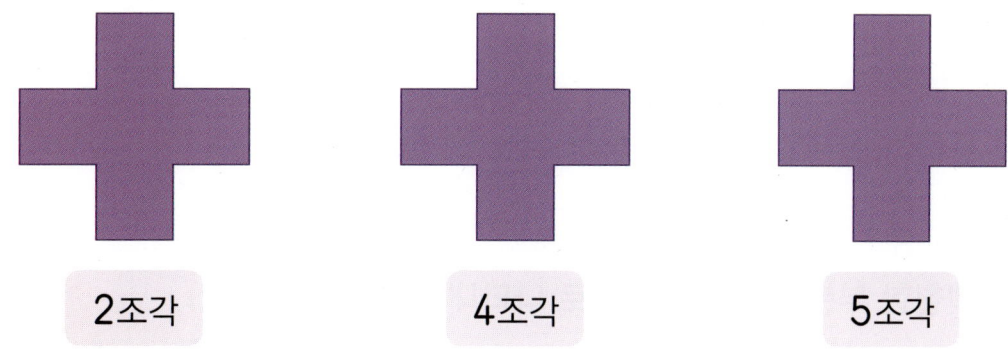

초이, 태경, 지오, 아인이는 빵 3개를 똑같이 나누어 가지려고 합니다.

초이: 빵 3개를 우리 4명이 똑같이 나누어 가져야 해.

태경: 빵을 4조각으로 각각 나눈 후 3조각씩 가져가면 돼.

지오는 가져가는 빵의 양을 수로 나타내고 싶습니다.

$$\frac{3}{4}$$

전체를 똑같이 4로 나눈 것 중의 3

지오: 우리가 가져가는 빵의 양은 1개보다 적어. 1보다 작은 수를 어떻게 나타내지?

아인: 1보다 작은 수를 나타내는 방법이 있어. 바로 분수지. 빵을 똑같이 4조각으로 나눈 것 중의 3조각을 $\frac{3}{4}$이라고 해.

색칠한 부분은 전체를 똑같이 3으로 나눈 것 중 2입니다. 이것을 $\frac{2}{3}$라 쓰고, 삼분의 이라고 읽습니다. 전체에 대하여 색칠한 부분의 크기를 분수로 나타내시오.

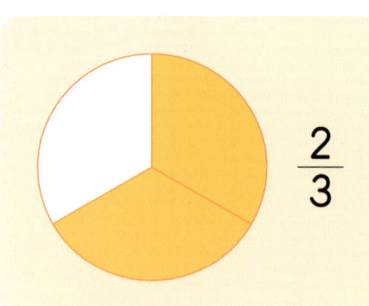

$\frac{2}{3}$

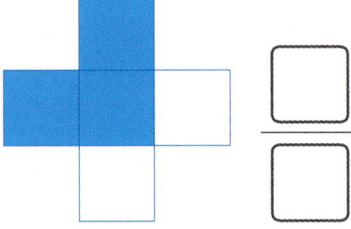

$\frac{\square}{\square}$

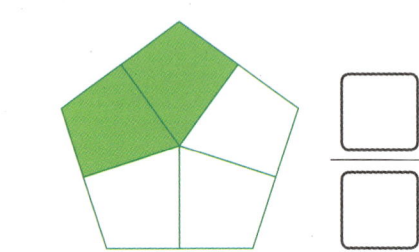

$\frac{\square}{\square}$

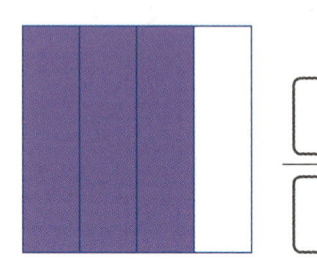

$\frac{\square}{\square}$

정삼각형을 주어진 분수에 맞게 나누고 색칠하시오.

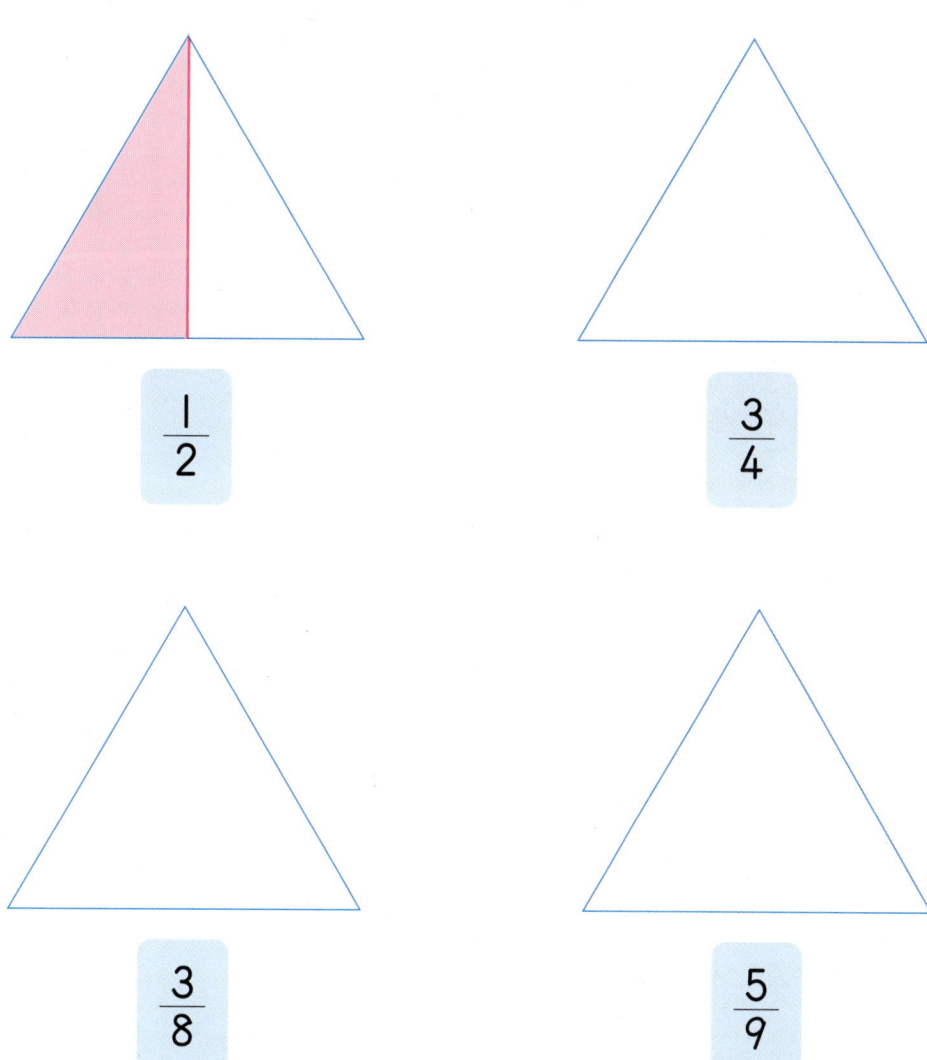

$\dfrac{1}{2}$

$\dfrac{3}{4}$

$\dfrac{3}{8}$

$\dfrac{5}{9}$

 노크 포인트

분수는 전체에 대한 부분을 나타낸 수이므로 같은 분수라도 전체 도형에 따라 색칠한 부분의 모양과 크기가 달라집니다.

$\dfrac{3}{4}$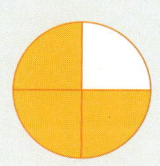

분수 탱그램

정사각형 모양 색종이를 잘라 탱그램 퍼즐을 만들었습니다. 정사각형 전체의 크기를 1이라고 할 때, 각 탱그램 조각의 크기를 분수로 나타내어 봅시다.

> 7조각 도형을 움직여 여러 가지 모양을 만드는 놀이를 탱그램이라고 해.

❶ ①번 조각은 전체 정사각형을 똑같이 **4**로 나눈 것 중의 1입니다. ①번 조각의 크기를 분수로 나타내시오.

❷ ⑤번 조각은 ①번 조각을 똑같이 **4**로 나눈 것 중의 1입니다. ⑤번 조각의 크기를 분수로 나타내시오.

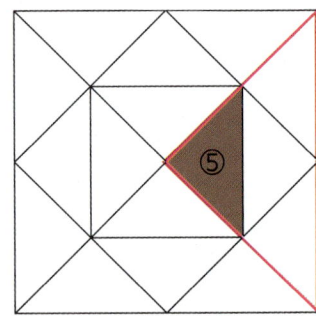

❸ 오른쪽 그림을 보고 ②, ③, ④번 조각의 크기를 각각 분수로 나타내시오.

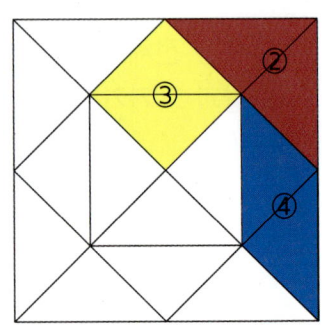

1 다음은 패턴블록 조각입니다. 노란색 블록의 크기를 |이라고 할 때, 다른 조각의 크기를 분수로 나타내시오.

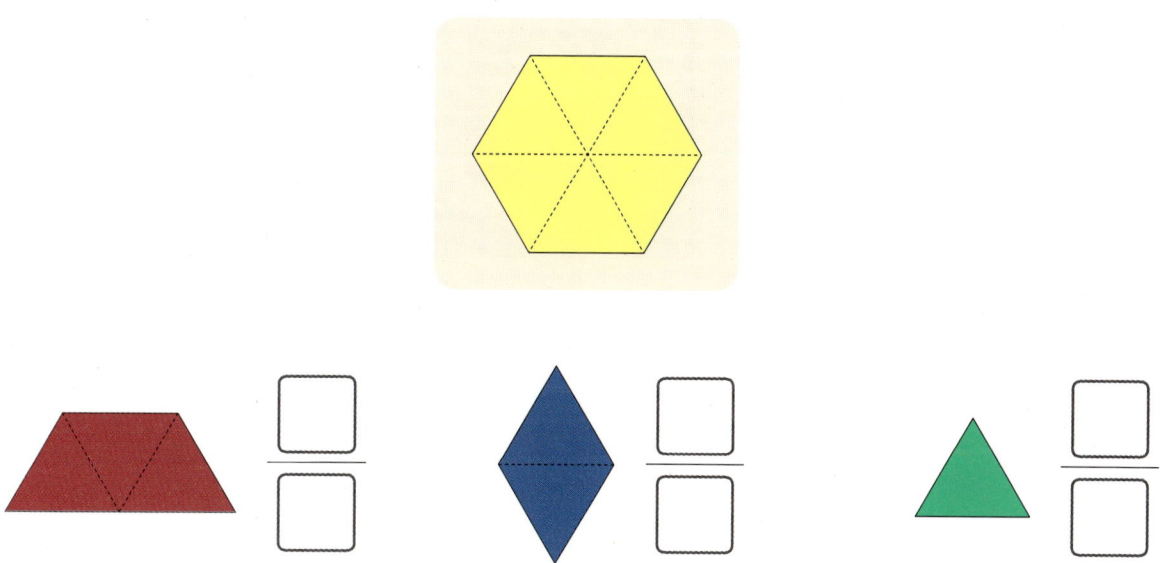

[탱그램으로 나타낸 분수]

2 탱그램 퍼즐 중 두 조각을 보고 큰 조각에 대한 작은 조각의 크기를 분수로 나타내시오.

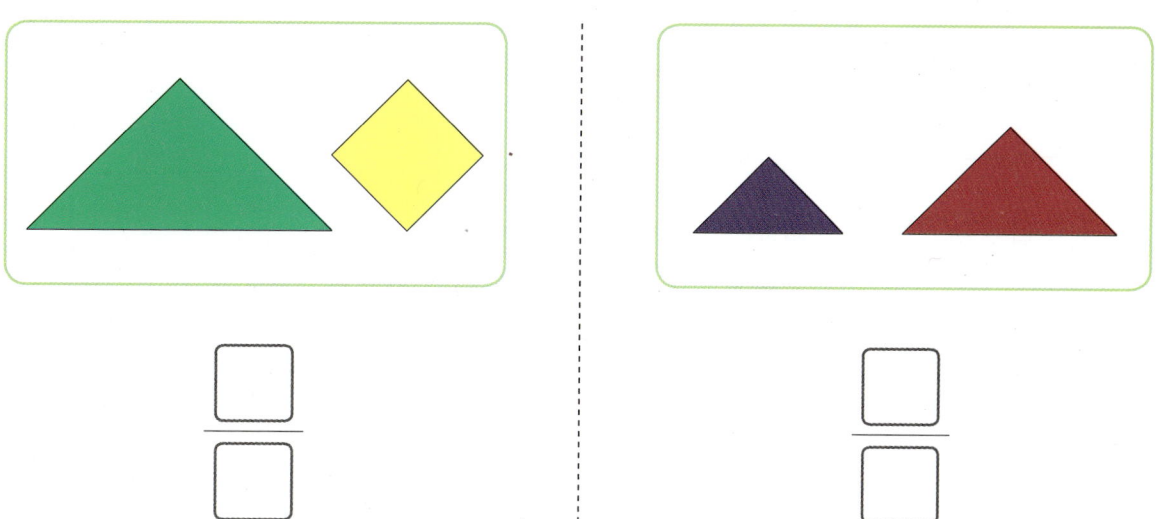

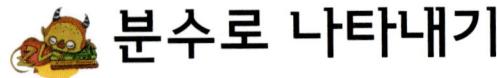

전체 도형의 크기를 1이라고 할 때, 색칠한 부분의 크기를 분수로 나타내어 봅시다.

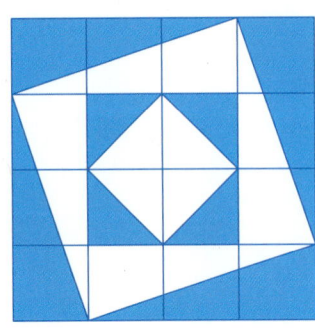

❶ 전체 도형의 크기를 1이라고 할 때, 작은 정사각형 1개의 크기를 분수로 나타내시오.

❷ 작은 분홍색 삼각형 2개를 그림과 같이 옮기면 빈 곳에 꼭 맞게 들어갑니다. 분홍색 삼각형을 모두 옮겨 작은 정사각형이 채워지도록 색칠하시오.

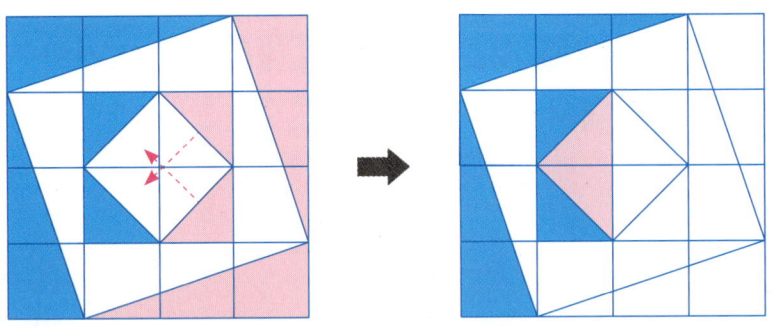

❸ 색칠된 작은 정사각형은 모두 몇 개입니까?

❹ 색칠한 부분의 크기를 분수로 나타내시오.

[옮겨서 합치기]

1 전체 도형의 크기를 1이라고 할 때, 색칠한 부분의 크기를 분수로 나타내시오.

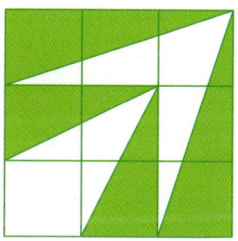

[분수로 나타낸 무늬]

2 전체 도형의 크기를 1이라고 할 때, 색칠한 부분의 크기를 분수로 나타내시오.

이것도 몰라!

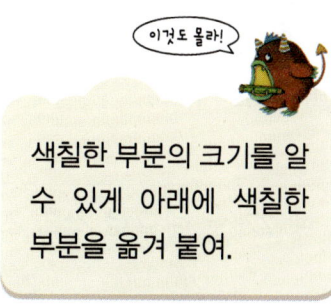

색칠한 부분의 크기를 알 수 있게 아래에 색칠한 부분을 옮겨 붙여.

3 이집트의 분수

멍하니, 거꾸로, 울보, 딴소리 요괴도 빵 **3**개를 똑같이 나누려고 합니다.

우리는 분수를 아니까 각자 $\frac{3}{4}$씩 가져가도록 하자.

멍하니 요괴

거꾸로 요괴

나, 멍하니, 딴소리는 $\frac{3}{4}$조각짜리 하나를, 울보는 나머지를 가져가면 되겠군.

너희들은 큰 조각 하나씩을 가져가고 나는 작은 조각 3개를 가져가는 건 불공평해. 엉엉~

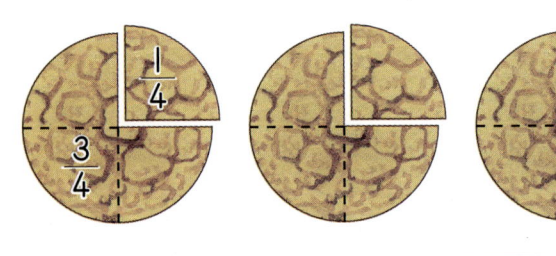

울보 요괴

울보 요괴의 말이 그럴 듯하여 다시 빵을 나누려고 하는데 아인이가 새로운 방법을 말합니다.

빵 2개를 반으로 갈라 조각을 가져 가.

그리고 남은 빵 하나를 4등분하여 한 조각씩 가져가면 돼.

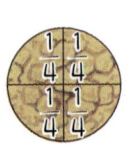

아인

아인이 말대로 하면 되겠군. 공평하기도 하고, 큰 조각이 있어서 좋아.

딴소리 요괴

🐢 아인이가 말한 방법대로 나눌 때, 꼬마 요괴 한 명이 갖게 되는 빵을 단위분수의 합으로 나타내시오.

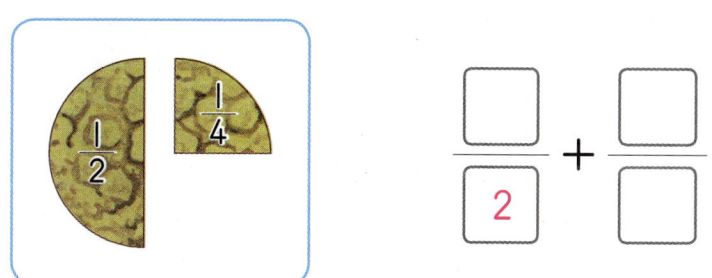

다음 그림은 아인이의 방법을 사용하여 빵 3개를 5명이 공평하게 나눈 것입니다. 한 사람이 갖게 되는 빵을 단위분수의 합으로 나타내시오.

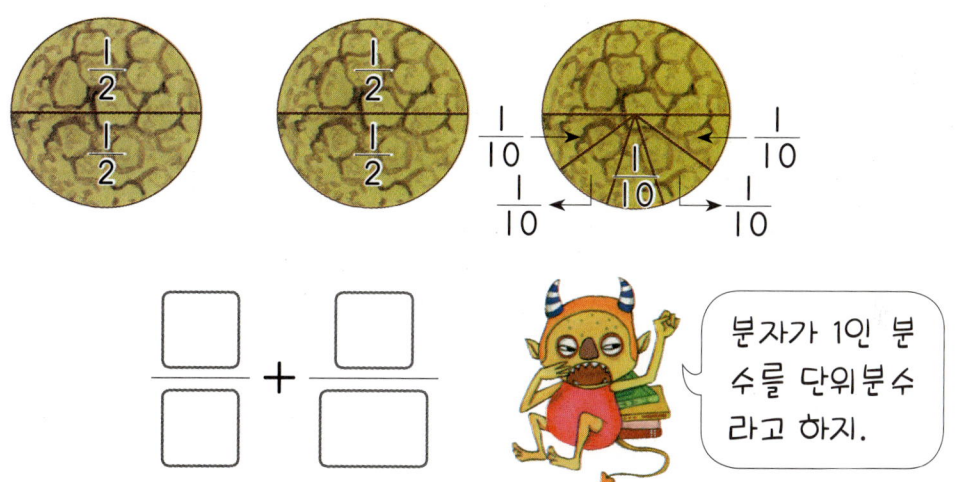

분자가 1인 분수를 단위분수라고 하지.

노크 포인트

고대 이집트에서는 일찍부터 분수를 사용했습니다. 문명이 발달하면서 남는 곡식을 똑같이 나누는 일이 많아졌고, 정확하고 간단하게 나누기 위해 분수가 필요했기 때문입니다. 고대 이집트에서는 대부분 분자가 1인 단위분수를 사용했습니다. 분자가 1이 아닌 분수는 단위분수의 합으로 나타내었습니다.

$$\frac{3}{4} = \frac{1}{2} + \frac{1}{4}, \ \frac{3}{5} = \frac{1}{2} + \frac{1}{10}$$

호루스의 눈

고대 이집트에서는 분수를 나타낼 때 분자 없이 분모로만 나타내었습니다. 현재의 분수를 고대 이집트 분수로 나타내어 봅시다.

빵을 크기도 모양도 똑같이 공평하게 나누는 것을 이집트의 분배 방식이라고 하지. 아인이가 빵을 나눈 방식이지.

이집트에서는 분자 없이 분모로만 분수를 나타내.

❶ 고대 이집트에서 사용하는 숫자입니다. 빈칸에 알맞은 이집트 수와 아라비아 수를 쓰시오.

│	││		┃┃┃		┃┃┃┃		┃┃┃┃	∩
1	2	3	4		6		8	9	10

❷ $\frac{2}{3}$ 를 제외한 나머지 이집트 분수는 분자가 항상 │ 이고, 수의 위에 ⬭ 를 그려 분수임을 나타내었습니다. 빈칸에 알맞은 이집트 분수 또는 현재의 분수를 써넣으시오.

$\frac{1}{2}$	$\frac{2}{3}$	$\frac{1}{3}$	$\frac{1}{4}$		$\frac{1}{6}$		$\frac{1}{8}$	$\frac{1}{9}$	$\frac{1}{10}$

규칙대로 하면 $\frac{1}{2}$ 은 ⬭│ 이 되어야 하는데 왜 ⊐ 모양이지?

예외 없는 법칙은 없는 거지. 하지만 그 이유를 모른대.

1 다음은 아라비아 수를 이집트 수로 나타낸 것입니다.

아라비아 수	I 2	24	3 I
이집트 수	∩II	∩∩IIIII	∩∩∩I

다음 분수를 이집트 분수로 나타내시오.

현재의 분수	$\frac{1}{12}$	$\frac{1}{24}$	$\frac{1}{31}$
이집트 분수			

[호루스의 눈]

2 호루스의 눈은 고대 이집트 시대 파피루스에 그려진 그림입니다. 호루스의 눈에 나타난 분수를 이집트 분수로 써 보시오.

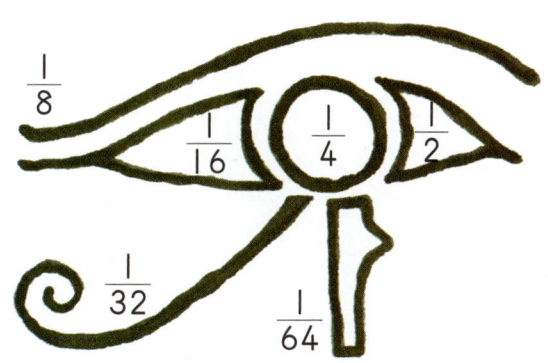

$\frac{1}{2}$	$\frac{1}{4}$	$\frac{1}{8}$	$\frac{1}{16}$	$\frac{1}{32}$	$\frac{1}{64}$
⌐					∩∩∩∩∩∩IIIII

 # 이집트 분수로 나타내기

고대 이집트에서는 분자가 1인 단위분수를 나타내는 방법이 정해져 있었고, 분자가 1이 아닌 분수는 단위분수의 합으로 나타내었습니다.

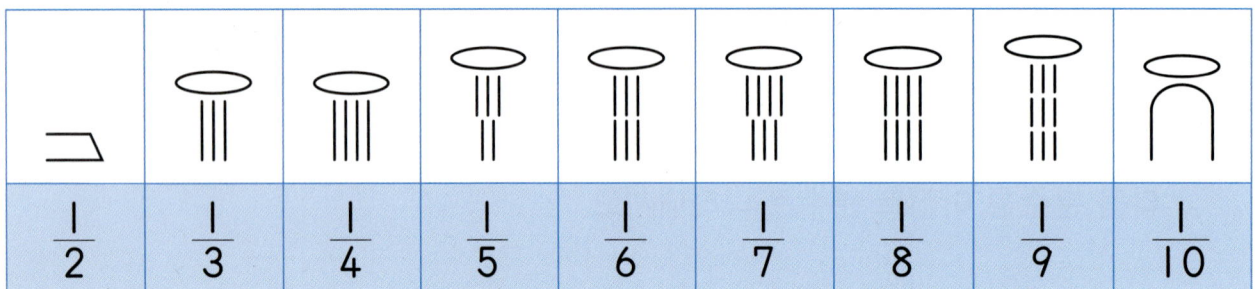

$$\frac{3}{4} = \frac{1}{2} + \frac{1}{4} \;\rightarrow\; \beth\; \overline{||||}$$

$\dfrac{5}{6}$ 를 이집트 분수로 나타내어 봅시다.

❶ 이집트 분수로 나타내려면 주어진 분수를 단위분수의 합으로 나타내어야 합니다. 그림을 보고 빈칸에 알맞은 단위분수를 써넣으시오.

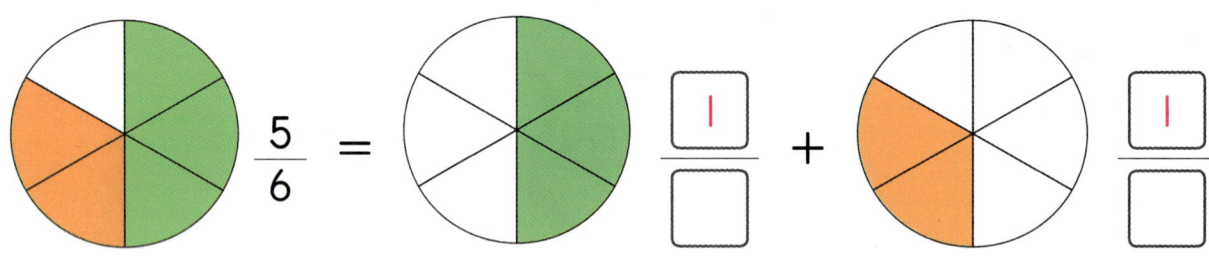

❷ $\dfrac{5}{6}$ 를 이집트 분수로 나타내시오.

$$\boxed{\dfrac{5}{6}} \;\rightarrow\; \boxed{}$$

[이집트 분수 해독]

1 주어진 그림을 이용하여 다음 이집트 분수를 현대의 분수로 나타내시오.

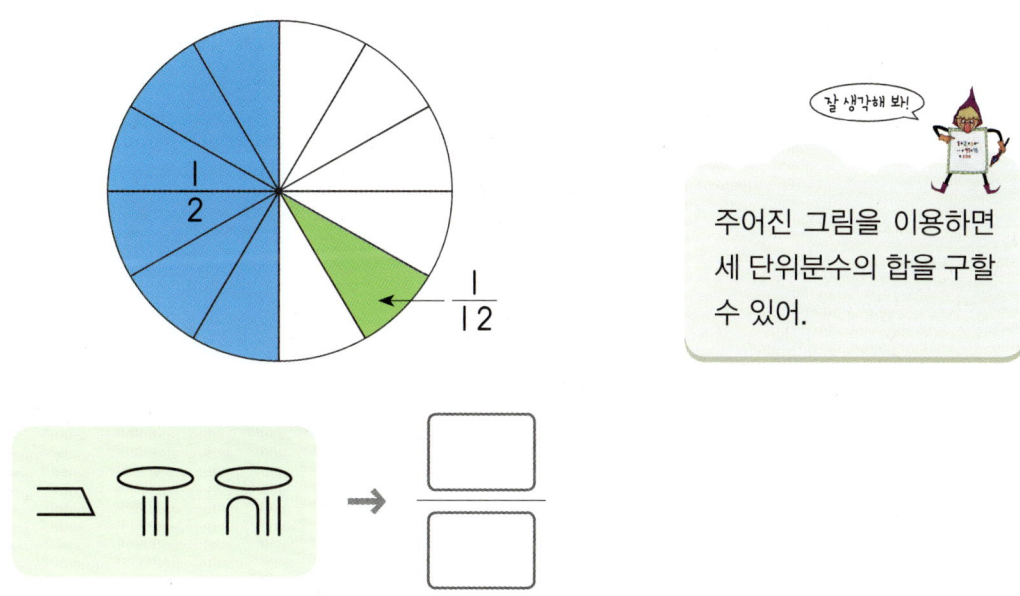

잘 생각해 봐!

주어진 그림을 이용하면 세 단위분수의 합을 구할 수 있어.

[이집트 분수로 나타내기]

2 다음 분수를 이집트 분수로 나타내시오.

$$\frac{4}{9} \rightarrow \boxed{}$$

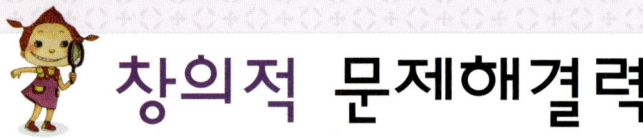

1 다음 도형을 원래 도형과 모양이 같은 4개의 조각으로 나누어 보시오.

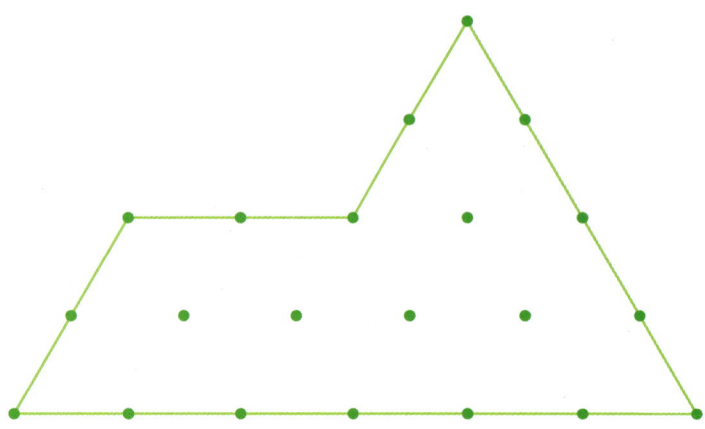

2 탱그램 퍼즐 중 몇 조각을 사용하여 오른쪽 모양을 만들었습니다. 전체 정사각형
의 크기를 1이라고 할 때, 오른쪽 모양의 크기를 분수로 나타내시오.

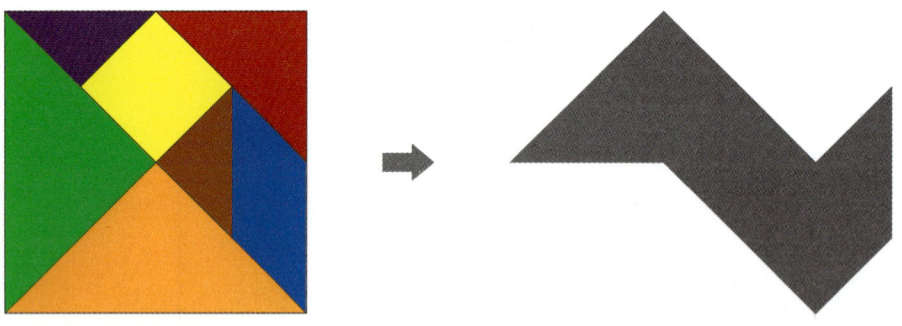

3 전체 도형의 크기를 1이라고 할 때, 색칠한 부분의 크기를 분수로 나타내시오.
(단, 점과 점 사이의 거리는 모두 같습니다.)

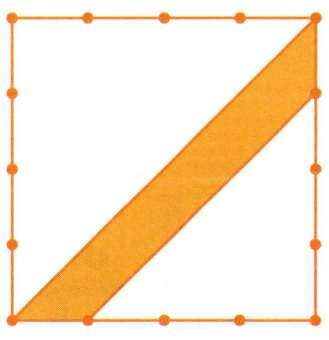

4 $\dfrac{3}{10}$ 을 단위분수의 합과 이집트 분수로 나타내시오.

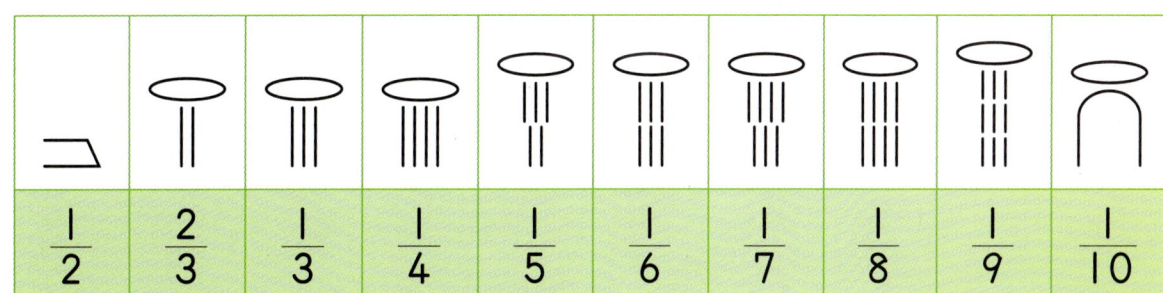

$$\frac{3}{10} = \frac{\square}{\square} + \frac{\square}{\square} \quad\rightarrow\quad \boxed{}$$

Chapter 2
분수의 크기

4 크기가 같은 분수

아인이는 기르는 원숭이에게 초콜릿을 주려고 합니다. 어느 날 아침에 초콜릿를 다음과 같이 나누어서 주었더니 원숭이는 소리를 지르며 화를 내었습니다.

초콜릿을 3조각으로 나눈 것 중 1개를 줄게.

1개……. 우끼! 우끼! 꺄아악!

아인이는 원숭이를 달래주려고 점심 때는 아침과 다른 방법으로 초콜릿을 나누어서 주었습니다. 그러자 원숭이는 기분이 좋아졌는지 만족스러운 표정으로 초콜릿을 먹었습니다.

초콜릿을 6조각으로 나눈 것 중 2개를 줄게.

2개……. 우끼? 냠냠쩝쩝!

주어진 분수에 맞게 색칠해 보고, 원숭이가 실제로 점심 때 아침보다 더 많은 초콜릿을 먹는지 알아보시오.

$\dfrac{1}{3}$

$\dfrac{2}{6}$

다음 분수 막대를 보고 크기가 같은 분수를 찾아 빈칸을 알맞게 채워 보시오.

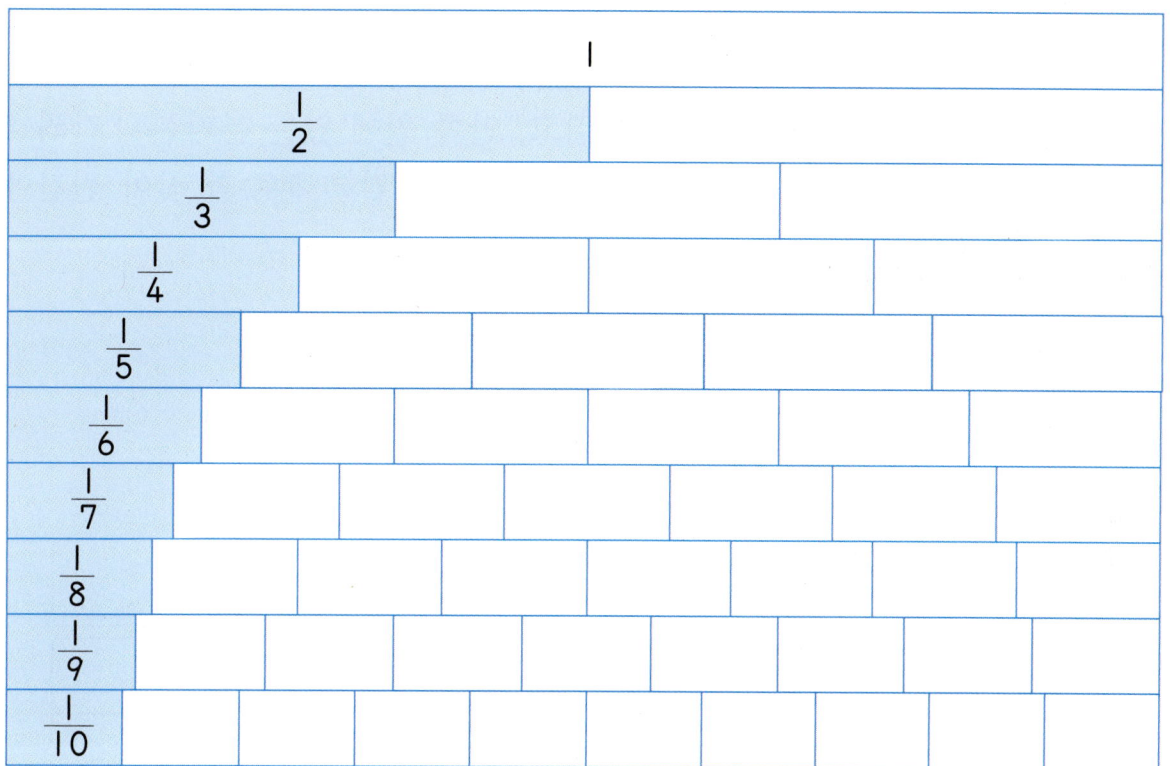

$$\frac{1}{2} = \frac{2}{4} = \frac{\square}{6} = \frac{\square}{8} = \frac{\square}{\square}$$

$$\frac{1}{3} = \frac{\square}{6} = \frac{\square}{\square} \qquad \frac{1}{5} = \frac{\square}{\square}$$

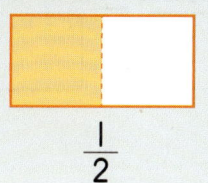 

분수의 분모와 분자에 같은 수를 곱한 분수는 처음 분수와 크기가 같습니다.

$$\frac{1}{2}$$

$$\frac{1 \times 2}{2 \times 2} = \frac{2}{4}$$

$$\frac{1 \times 4}{2 \times 4} = \frac{4}{8}$$

→ $$\frac{1}{2} = \frac{2}{4} = \frac{4}{8}$$

분수 회오리

바깥쪽 원에 있는 수를 분모, 안쪽 원에 있는 수를 분자로 하여 크기가 같은 분수를 선을 그어 나타내어 봅시다.

1 바깥쪽 원에 있는 분모는 **2**칸씩 뛰고, 안쪽 원에 있는 분자는 **1**칸씩 뛰어서 이었습니다. 분수 회오리를 완성하고, 크기가 같은 분수를 찾아 빈칸에 알맞은 수를 써넣으시오.

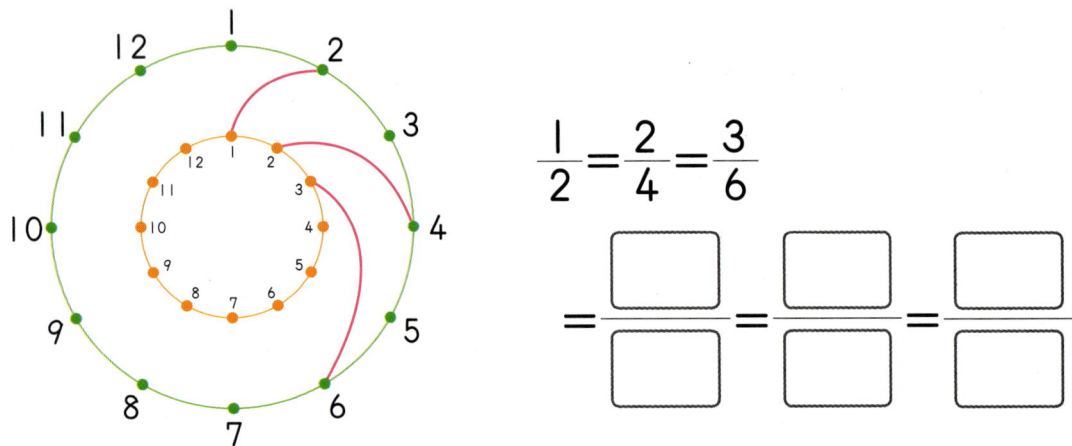

$$\frac{1}{2} = \frac{2}{4} = \frac{3}{6}$$

$$= \frac{\quad}{\quad} = \frac{\quad}{\quad} = \frac{\quad}{\quad}$$

2 분수의 분모와 분자에 **2, 3, 4**를 곱하면 크기가 같은 분수를 만들 수 있습니다. 분수 회오리를 완성하고, 크기가 같은 분수를 찾아 빈칸에 알맞은 수를 써넣으시오.

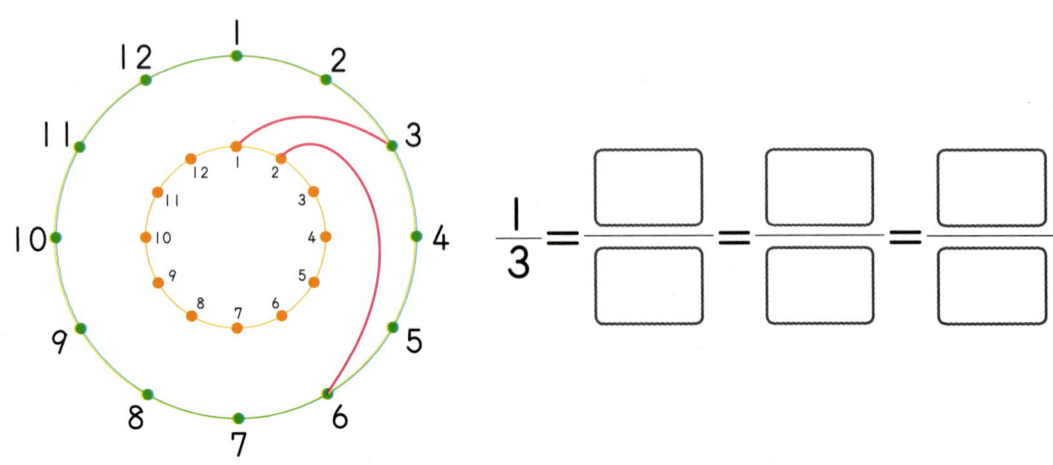

$$\frac{1}{3} = \frac{\quad}{\quad} = \frac{\quad}{\quad} = \frac{\quad}{\quad}$$

[같은 분수 만들기]

1 위쪽 직선에 있는 수를 분자, 아래쪽 직선에 있는 수를 분모로 하는 분수 중 주어진 분수와 크기가 같은 분수를 선을 그어 나타내어 보시오.

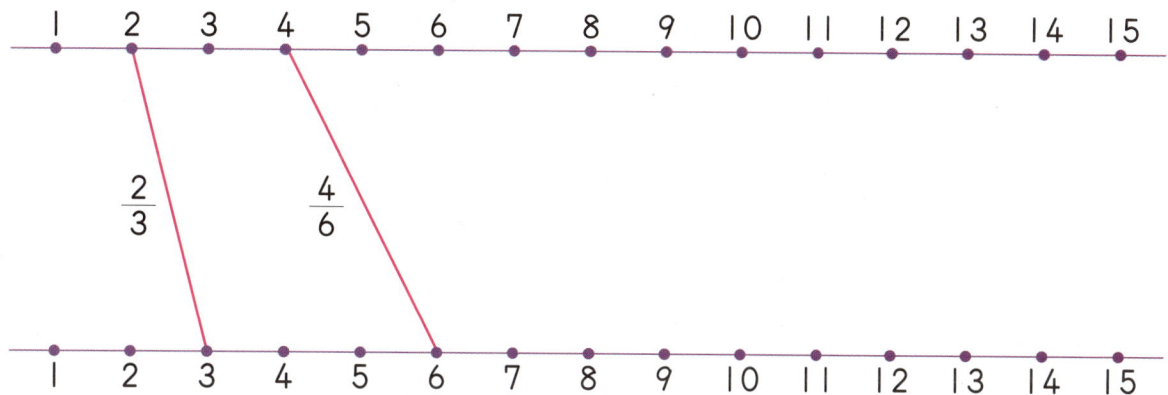

[크기가 같은 카드 분수]

2 수 카드 5장 중 4장을 골라 한 번씩 사용하여 크기가 같은 분수를 만들어 보시오.

$$\frac{2}{3} = \frac{}{}$$

$$\frac{}{8} = \frac{}{}$$

조건에 맞는 분수

$\dfrac{5}{6}$와 크기가 같은 분수 중 분모와 분자의 합이 99인 분수를 찾아봅시다.

$\dfrac{5}{6}$와 크기가 같은 분수는 분모와 분자에 각각 같은 수를 곱해야 해.

$\dfrac{5\times2}{6\times2}=\dfrac{10}{12}$, $\dfrac{5\times3}{6\times3}=\dfrac{15}{18}$, …….

$\dfrac{10}{12}$일 때 분모와 분자의 합은 10+12=22

$\dfrac{15}{18}$일 때 분모와 분자의 합은 15+18=33

❶ 분모와 분자에 1씩 커지는 수를 곱하여 크기가 같은 분수를 알아보려고 합니다. 다음 표를 완성하시오.

분모와 분자에 곱한 수	1	2	3	4	5
크기가 같은 분수	$\dfrac{5}{6}$	$\dfrac{10}{12}$			
분모와 분자의 합	11	22			

❷ 분모와 분자에 곱하는 수가 1씩 커질수록 분모와 분자의 합은 몇씩 커집니까?

❸ 분모와 분자의 합이 99가 되려면 분모와 분자에 각각 얼마를 곱해야 합니까?

❹ 조건에 맞는 분수를 구하시오.

1 $\dfrac{3}{5}$ 과 크기가 같은 분수 중 분모와 분자의 차가 24인 분수를 구하시오.

분모와 분자에 2, 3, 4, ……를 곱할 때 분모와 분자의 차는 얼마씩 커지는지 알아봐.

[크기가 같은 분수 규칙]

2 다음은 크기가 같은 분수를 규칙에 따라 늘어놓은 것입니다. 분모와 분자의 합이 98인 분수는 몇 번째 분수입니까?

$$\dfrac{3}{4}, \quad \dfrac{6}{8}, \quad \dfrac{9}{12}, \quad \dfrac{12}{16}, \quad \dfrac{15}{20}, \quad \dfrac{18}{24}, \quad \dfrac{21}{28}, \quad ……$$

분모와 분자의 합이 몇씩 커질까?

분수의 크기 비교1

아인, 지오, 태경이가 과녁에 다트를 던져서 자신의 이름이 적힌 부분을 맞히면 이기는 게임을 합니다. 다트 과녁은 다음과 같은 두 종류가 있습니다.

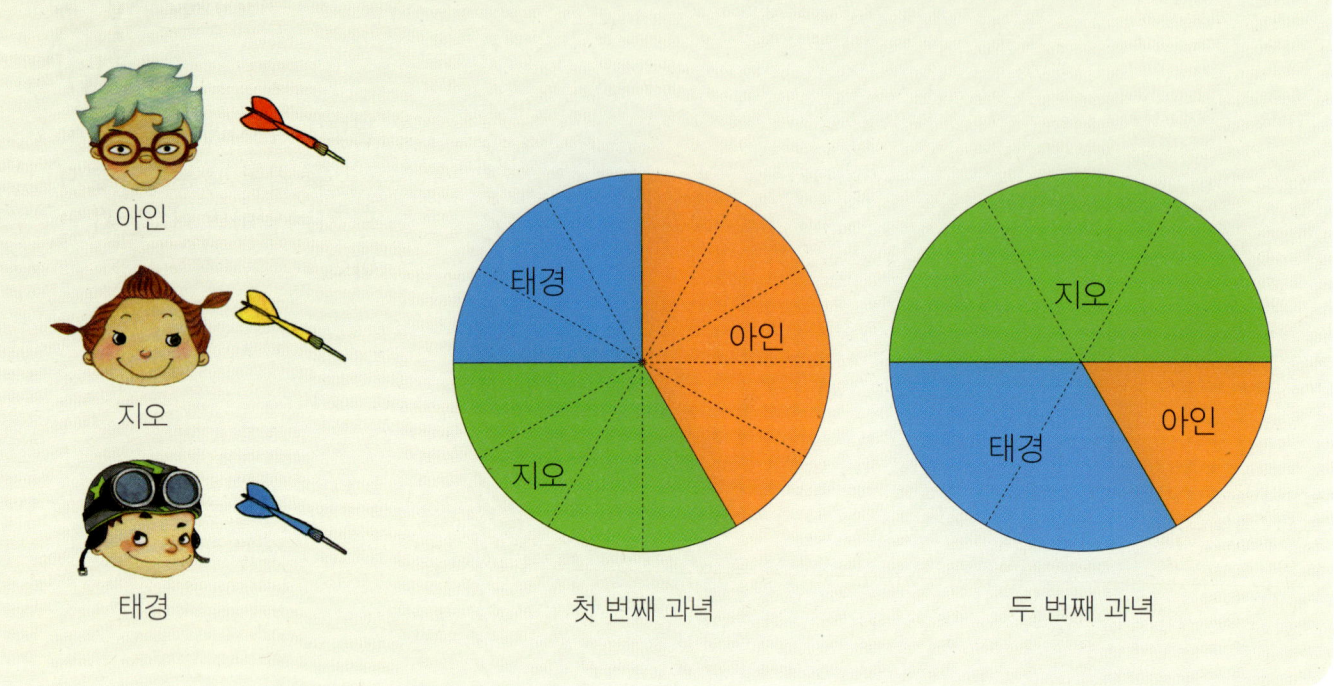

아인

지오

태경

첫 번째 과녁

두 번째 과녁

과녁 전체의 크기를 1이라고 할 때, 첫 번째 과녁에서 각 부분의 크기를 분모가 12인 분수로 나타내어 보시오. 첫 번째 다트 게임에서 누가 가장 유리합니까?

아인: $\dfrac{\square}{12}$ 지오: $\dfrac{\square}{12}$ 태경: $\dfrac{\square}{12}$

두 번째 과녁에서 각 부분의 크기를 분자가 1인 분수로 나타내어 보시오. 두 번째 다트 게임에서 누가 가장 유리합니까?

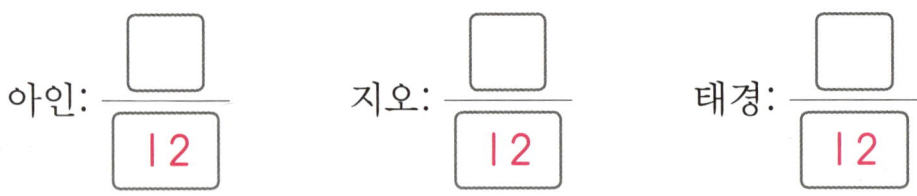

아인: $\dfrac{1}{\square}$ 지오: $\dfrac{1}{\square}$ 태경: $\dfrac{1}{\square}$

🍀 **주어진 분수만큼 색칠하고 알맞은 말에 ◯표 하시오.**

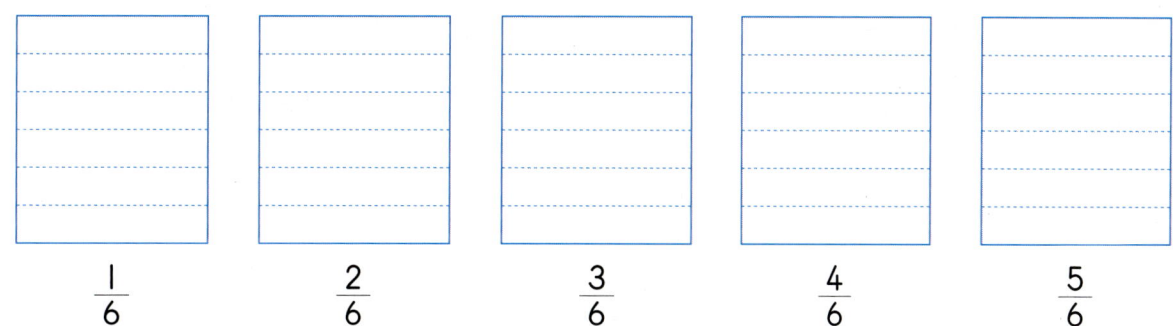

$\dfrac{1}{6}$ $\dfrac{2}{6}$ $\dfrac{3}{6}$ $\dfrac{4}{6}$ $\dfrac{5}{6}$

분모가 같은 분수는 분자가 (클수록 , 작을수록) 큰 분수입니다.

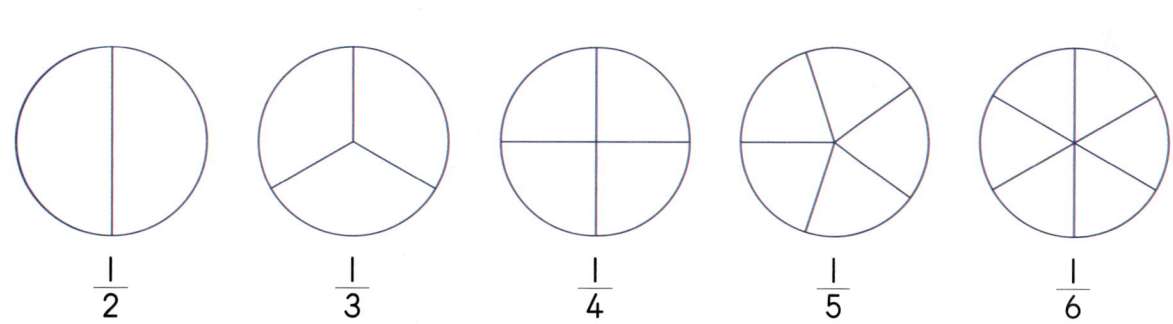

$\dfrac{1}{2}$ $\dfrac{1}{3}$ $\dfrac{1}{4}$ $\dfrac{1}{5}$ $\dfrac{1}{6}$

분자가 같은 분수는 분모가 (클수록 , 작을수록) 큰 분수입니다.

노크 포인트

① 분모가 같은 분수는 분자가 클수록 큰 분수입니다.

$$\dfrac{2}{3} > \dfrac{1}{3} \qquad \dfrac{3}{4} > \dfrac{2}{4} \qquad \dfrac{4}{5} > \dfrac{3}{5}$$

② 분자가 같은 분수는 분모가 작을수록 큰 분수입니다.

$$\dfrac{1}{2} > \dfrac{1}{3} \qquad \dfrac{2}{3} > \dfrac{2}{4} \qquad \dfrac{3}{4} > \dfrac{3}{5}$$

분자 비교, 분모 비교

다음 분수의 크기를 비교하여 큰 수부터 차례로 써 봅시다.

$$\frac{4}{6} \qquad \frac{2}{7} \qquad \frac{3}{6} \qquad \frac{2}{6} \qquad \frac{4}{5}$$

❶ 분모가 같은 분수는 분자가 클수록 큰 수입니다. 분모가 6인 분수를 찾아 큰 수부터 차례로 써넣으시오.

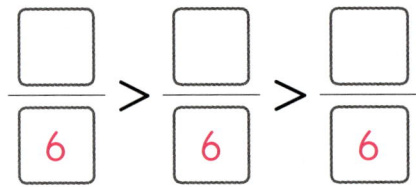

❷ 분자가 같은 분수는 분모가 작을수록 큰 수입니다. 분자가 4인 분수를 찾아 큰 수부터 차례로 써넣으시오.

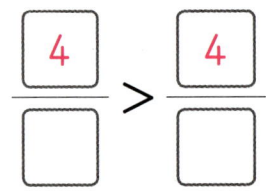

❸ 분자가 2인 분수를 찾아 큰 수부터 차례로 써넣으시오.

$$\frac{2}{\square} > \frac{2}{\square}$$

❹ 분수의 크기를 비교하여 큰 수부터 차례로 써넣으시오.

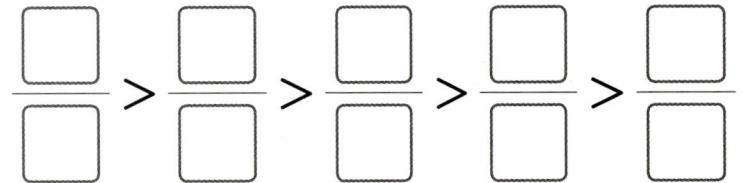

'가 > 나'이고, '나 > 다'이면 '가 > 다'가 되지.

1 [가장 큰 분수, 가장 작은 분수]

다음 분수 중 가장 큰 수에 ○표, 가장 작은 수에 △표 하시오.

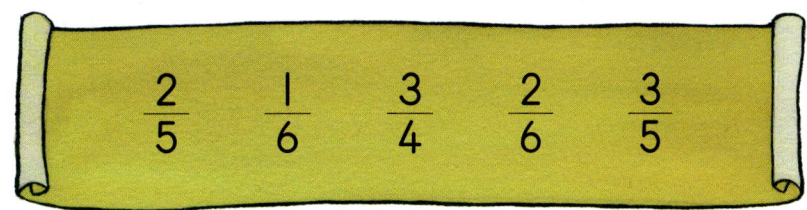

$$\frac{2}{5} \qquad \frac{1}{6} \qquad \frac{3}{4} \qquad \frac{2}{6} \qquad \frac{3}{5}$$

잘 생각해 봐!

분모가 같은 것끼리 비교하고, 분자가 같은 것끼리 비교해서 크기 순서를 찾아봐.

2 [동물 경주]

여우, 토끼, 사슴, 거북이 경주를 합니다. 네 동물이 동시에 출발하고 10분 동안 여우는 전체의 $\frac{5}{12}$만큼, 토끼는 $\frac{7}{10}$만큼, 사슴은 $\frac{7}{12}$만큼, 거북은 $\frac{5}{14}$ 만큼 갔습니다. 네 동물 중 세 번째로 달리고 있는 동물은 무엇입니까?

 # 규칙 찾아 비교하기

다음 분수의 크기를 비교해 봅시다.

$$\frac{3}{4} \bigcirc \frac{2}{3} \qquad \frac{6}{7} \bigcirc \frac{8}{9} \qquad \frac{11}{12} \bigcirc \frac{9}{10}$$

❶ 다음은 위 분수와 같은 특징을 가진 분수를 모아놓은 것입니다. 이 분수들의 공통된 특징을 찾아 설명하시오.

잘 생각해 봐!

분모와 분자의 합이나 차에서 일정한 규칙을 찾아봐.

$$\frac{2}{3} \qquad \frac{3}{4} \qquad \frac{4}{5} \qquad \frac{5}{6} \qquad \frac{6}{7} \qquad \frac{7}{8} \qquad \frac{8}{9} \qquad \frac{9}{10} \qquad \frac{10}{11} \qquad \frac{11}{12}$$

❷ 주어진 분수만큼 색칠하고, 위와 같은 분수의 분모, 분자가 커질수록 분수의 크기는 어떻게 되는지 설명해 보시오.

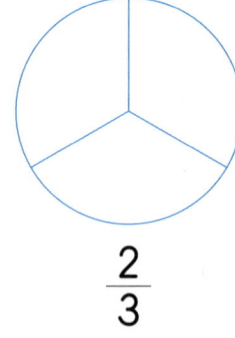

$$\frac{2}{3}$$

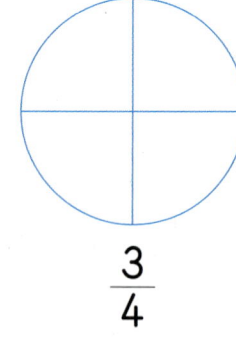

$$\frac{3}{4}$$

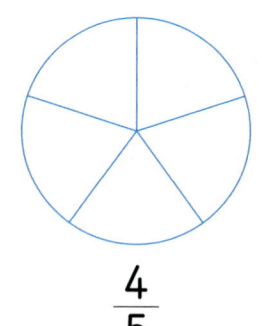

$$\frac{4}{5}$$

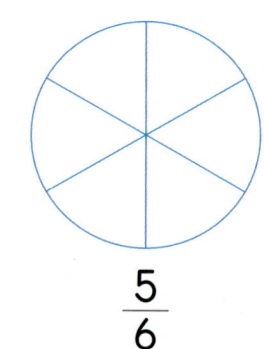

$$\frac{5}{6}$$

❸ 분수의 크기를 비교하여 ◯ 안에 >, <를 알맞게 써넣으시오.

$$\frac{3}{4} \bigcirc \frac{2}{3} \qquad \frac{6}{7} \bigcirc \frac{8}{9} \qquad \frac{11}{12} \bigcirc \frac{9}{10}$$

1 다음 분수를 큰 수부터 차례로 써넣으시오.

$$\frac{7}{9} \qquad \frac{3}{5} \qquad \frac{1}{3} \qquad \frac{4}{6} \qquad \frac{6}{8}$$

$$\frac{\square}{\square} > \frac{\square}{\square} > \frac{\square}{\square} > \frac{\square}{\square} > \frac{\square}{\square}$$

[조건에 맞는 분수 찾기]

2 조건 에 맞는 분수를 모두 찾아보시오.

조건

• 분모가 분자보다 1 큰 분수입니다.

• $\frac{6}{7}$ 보다 작은 분수입니다.

이것도 몰라!

분모와 분자의 차가 같은 분수는 분모가 클수록 큰 분수니? 분모가 작을수록 큰 분수니?

 분수의 크기 비교2

태경이는 분수의 크기 비교에 자신이 생겼습니다.

분모가 같은 분수, 분자가 같은 분수, 분모와 분자의 차가 같은 분수로 구분하여 비교하면 돼.

태경아, 그럼 $\frac{5}{8}$와 $\frac{3}{7}$ 중 어느 분수가 크니?

장난 요괴! 그 문제는 5학년 때 분수의 통분을 배워야 풀 수 있어. 장난치지 마.

태경

장난 요괴

삼촌

아인이는 분수의 통분을 배우지 않아도 풀 수 있다고 합니다.

$\frac{1}{2}$과 비교하면 돼. $\frac{5}{8}$는 $\frac{1}{2}$보다 크고, $\frac{3}{7}$은 $\frac{1}{2}$보다 작아. 그러니까 $\frac{5}{8}$는 $\frac{3}{7}$보다 커.

아인

$$\frac{5}{8} > \frac{4}{8}\left(=\frac{1}{2}\right)$$

$$\frac{3}{7} < \frac{3}{6}\left(=\frac{1}{2}\right)$$

$$\rightarrow \frac{5}{8} > \frac{3}{7}$$

아인이가 제법이구나. 하나를 가르치면 열을 아는구나.

멀린

분수를 $\frac{1}{2}$과 비교한 것입니다. ◯ 안에 >, <를 알맞게 써넣으시오.

$\frac{4}{9}$ ◯ $\frac{1}{2}$　　$\frac{7}{8}$ ◯ $\frac{1}{2}$

$\frac{7}{10}$ ◯ $\frac{1}{2}$　　$\frac{5}{11}$ ◯ $\frac{1}{2}$

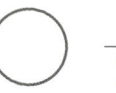

분모가 분자의 2배보다 크면 $\frac{1}{2}$보다 작지.

오른쪽 분수와 크기가 같은 분수 중 왼쪽 분수와 분자나 분모가 같은 분수를 찾아 ◯표 하고, 분수의 크기를 비교하여 ◯ 안에 >, <를 알맞게 써넣으시오.

$\dfrac{3}{8}$ $<$ $\dfrac{1}{2}$ $\dfrac{2}{4}$ $\boxed{\dfrac{4}{8}}$ $\dfrac{5}{10}$ $\dfrac{6}{12}$

$\dfrac{10}{17}$ ◯ $\dfrac{2}{3}$ $\dfrac{4}{6}$ $\dfrac{6}{9}$ $\dfrac{8}{12}$ $\dfrac{10}{15}$

$\dfrac{3}{10}$ ◯ $\dfrac{1}{4}$ $\dfrac{2}{8}$ $\dfrac{3}{12}$ $\dfrac{4}{16}$ $\dfrac{5}{20}$

크기가 같은 분수 중 분모 또는 분자가 같은 것을 찾아.

노크 포인트

① 분모가 다른 두 분수의 크기를 비교할 때는 크기가 같은 분수를 이용합니다.

$\dfrac{3}{4}$ $>$ $\dfrac{1}{2}$ $\left(=\dfrac{2}{4}\right)$ $\dfrac{3}{5}$ $>$ $\dfrac{1}{3}$ $\left(=\dfrac{3}{6}\right)$

② $\dfrac{1}{2}$보다 큰 분수는 $\dfrac{1}{2}$보다 작은 분수보다 더 큽니다.

$$\dfrac{5}{8} > \dfrac{1}{2}, \ \dfrac{1}{2} > \dfrac{1}{3} \ \rightarrow \ \dfrac{5}{8} > \dfrac{1}{3}$$

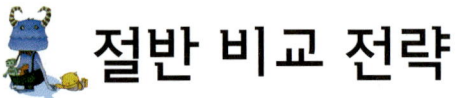 # 절반 비교 전략

다음 분수의 크기를 비교하여 큰 수부터 차례로 써 봅시다.

$$\frac{1}{2} \qquad \frac{6}{13} \qquad \frac{5}{9}$$

❶ 다음은 $\frac{1}{2}$과 크기가 같은 분수입니다. 이 분수들의 분자와 분모 사이의 관계를 설명하시오.

$$\frac{1}{2} \qquad \frac{2}{4} \qquad \frac{3}{6} \qquad \frac{4}{8} \qquad \frac{5}{10} \qquad \frac{6}{12}$$

❷ $\frac{1}{2}$보다 작은 분수와 $\frac{1}{2}$보다 큰 분수로 분류한 것입니다. 분자의 **2**배와 분모의 크기를 비교하여 ◯ 안에 **>**, **<**를 알맞게 써넣으시오.

① $\frac{1}{2}$보다 작은 분수

$$\frac{1}{3} \quad \frac{1}{4} \quad \frac{1}{5} \quad \frac{2}{5} \quad \frac{1}{6} \quad \frac{2}{6}$$

(분자의 **2**배) ◯ (분모)

② $\frac{1}{2}$보다 큰 분수

$$\frac{2}{3} \quad \frac{3}{4} \quad \frac{3}{5} \quad \frac{4}{5} \quad \frac{4}{6} \quad \frac{5}{6}$$

(분자의 **2**배) ◯ (분모)

❸ 분수의 크기를 비교하여 큰 수부터 차례로 써넣으시오.

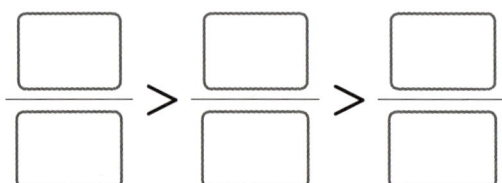

[절반으로 비교하기]

1 다음 분수의 크기를 비교하여 ○ 안에 >, <를 알맞게 써넣으시오.

$$\frac{3}{5} \bigcirc \frac{4}{9} \qquad\qquad \frac{5}{11} \bigcirc \frac{10}{19}$$

이것도 몰라!

$\frac{1}{2}$ 보다 큰 분수와 $\frac{1}{2}$ 보다 작은 분수로 나누어 봐.

[절반보다 작은 분수 만들기]

2 다음 숫자 카드 5장 중 2장을 골라 한 번씩 사용하여 만들 수 있는 분수 중 $\frac{1}{2}$ 보다 작은 분수는 모두 몇 개입니까?

 1   3   5   7   9

잘 생각해 봐!

$\frac{1}{2}$ 보다 작은 분수는 분모가 분자의 2배보다 큽니다.

같은 분수 비교

다음 숫자 카드 5장 중 2장을 골라 한 번씩 사용하여 만들 수 있는 분수 중 $\frac{1}{3}$보다 작은 분수를 모두 찾아봅시다.

❶ 분모가 분자보다 큰 분수를 진분수라고 합니다. 분모가 2 또는 4인 진분수를 모두 만들고, 만든 분수와 $\frac{1}{3}$의 크기를 각각 비교하시오.

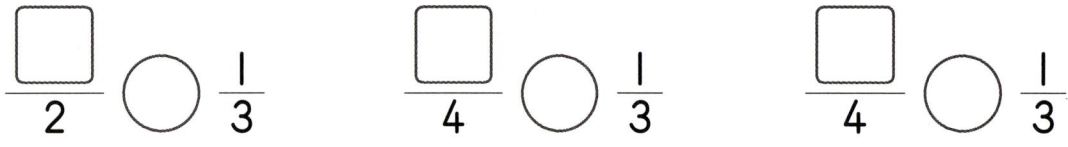

$$\frac{\square}{2} \bigcirc \frac{1}{3} \qquad \frac{\square}{4} \bigcirc \frac{1}{3} \qquad \frac{\square}{4} \bigcirc \frac{1}{3}$$

❷ 분모가 6인 진분수를 모두 만들고, 만든 분수와 $\frac{1}{3}$의 크기를 각각 비교하시오.

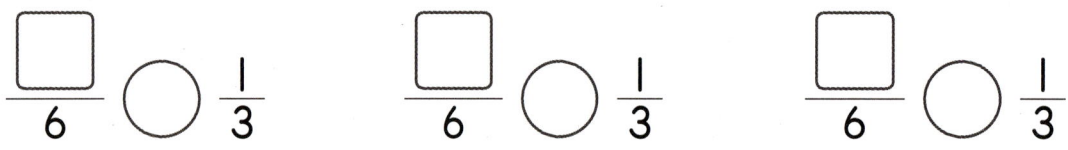

$$\frac{\square}{6} \bigcirc \frac{1}{3} \qquad \frac{\square}{6} \bigcirc \frac{1}{3} \qquad \frac{\square}{6} \bigcirc \frac{1}{3}$$

❸ 분모가 9인 진분수를 모두 만들고, 만든 분수와 $\frac{1}{3}$의 크기를 각각 비교하시오.

$$\frac{\square}{9} \bigcirc \frac{1}{3} \qquad \frac{\square}{9} \bigcirc \frac{1}{3} \qquad \frac{\square}{9} \bigcirc \frac{1}{3} \qquad \frac{\square}{9} \bigcirc \frac{1}{3}$$

❹ 조건에 맞는 분수를 모두 찾아 쓰시오.

[크기 순서대로 나열하기]

1 다음 분수를 큰 수부터 차례로 써넣으시오.

$$\frac{14}{15} \qquad \frac{4}{7} \qquad \frac{4}{5} \qquad \frac{2}{3}$$

$$\frac{\square}{\square} > \frac{\square}{\square} > \frac{\square}{\square} > \frac{\square}{\square}$$

이것도 몰라!

$\frac{2}{3}$ 와 크기가 같고 분자가 4인 분수를 찾으면 간단하지.

[조건에 맞는 분수의 개수]

2 다음 숫자 카드 4장 중 2장을 골라 한 번씩 사용하여 만들 수 있는 분수 중 다음 조건에 맞는 분수를 쓰시오.

$$\frac{2}{3} < \frac{\square}{\square} < \frac{4}{5}$$

 창의적 문제해결력

1 숫자 카드 5장을 한 번씩 모두 사용하여 $\dfrac{1}{3}$과 크기가 같은 분수 2개를 만들어 보시오.

2 1부터 9까지의 숫자 카드를 한 번씩 모두 사용하여 크기가 같은 분수 3개를 만들었습니다. 빈칸에 알맞은 수를 써넣으시오.

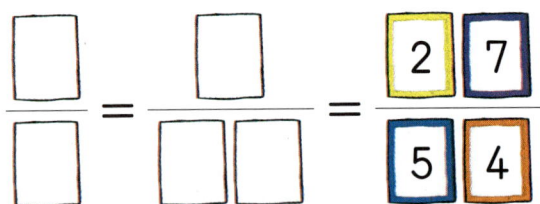

남은 숫자 카드가 1, 3, 6, 8, 9이군.

3 피자를 초이는 $\dfrac{4}{8}$ 판, 아인이는 $\dfrac{4}{7}$ 판, 태경이는 $\dfrac{5}{7}$ 판, 지오는 $\dfrac{3}{8}$ 판 먹었습니

다. 네 사람 중 피자를 두 번째로 많이 먹은 사람은 누구입니까?

초이   아인   태경   지오

4 다음 분수를 큰 수부터 차례로 써넣으시오.

$$\dfrac{4}{13} \qquad \dfrac{3}{4} \qquad \dfrac{5}{13} \qquad \dfrac{3}{5} \qquad \dfrac{5}{11}$$

$$\dfrac{\square}{\square} > \dfrac{\square}{\square} > \dfrac{\square}{\square} > \dfrac{\square}{\square} > \dfrac{\square}{\square}$$

Chapter 3

수와 숫자

고대의 수

로제타석(Rosetta Stone)은 가로 72 cm, 세로 114 cm, 두께 28 cm인 돌로 만들어진 비석으로 1799년 이집트 북부의 작은 마을 로제타에서 당시 이집트를 원정 중이던 나폴레옹 군에 의해 발견되었습니다.

로제타석에는 같은 내용의 글이 이집트 상형문자, 데모틱 민중문자, 그리스 문자의 세 가지 언어로 적혀 있었습니다. 로제타석이 발견되자 많은 학자들이 이집트 상형문자를 해독하기 시작했습니다.

나는 어떤 상형문자가 파라오의 이름을 뜻하는지 알게 되었지. 하지만 그 이상은 몰라.

상형문자 해독은 나같은 언어의 천재가 아니면 힘든 일이지.

토마스 영

장 프랑수아 샹폴리옹

최초로 이집트 상형문자의 일부를 해독한 사람은 영국의 토마스 영이었고, '언어의 천재'라 불린 프랑스의 언어학자 장 프랑수아 샹폴리옹이 1822년 로제타석의 글을 완전히 해독하는 데 성공하였습니다.

이집트 수를 현대의 아라비아 수로 나타낸 표를 보고 빈 곳에 알맞은 이집트 수를 써넣으시오.

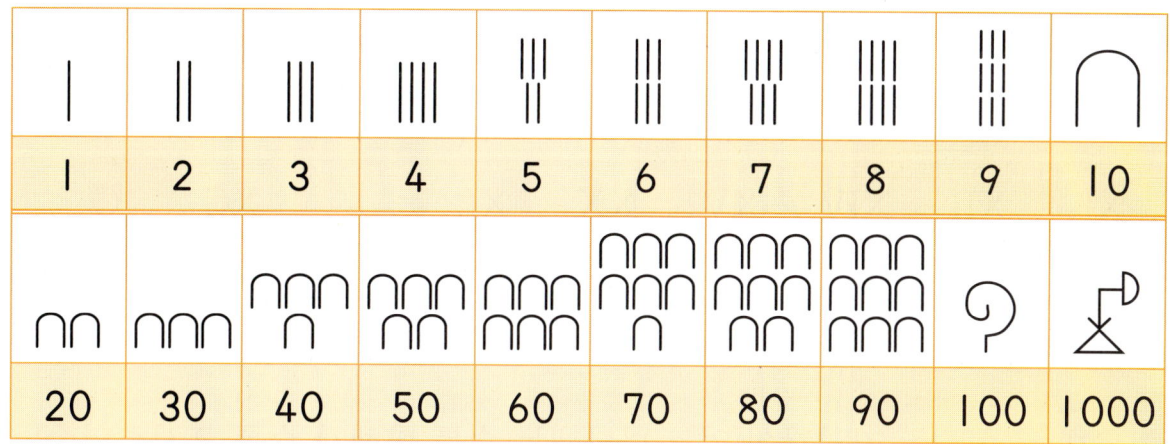

1	2	3	4	5	6	7	8	9	10

| 20 | 30 | 40 | 50 | 60 | 70 | 80 | 90 | 100 | 1000 |

235 →

1406 →

3120 →

로제타석에는 고대 이집트에서 사용한 수가 상형문자로 적혀 있었습니다. 이집트 수에는 1, 10, 100, 1000, 10000과 같이 10배씩 커지는 숫자 기호가 있었고, 이 기호들을 반복하여 쓰는 방법으로 몇십, 몇백, 몇천을 나타내었습니다.

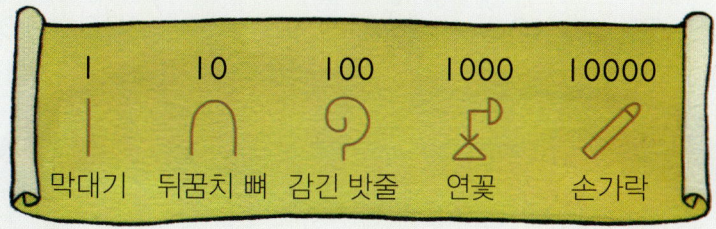

1	10	100	1000	10000
막대기	뒤꿈치 뼈	감긴 밧줄	연꽃	손가락

 # 고대 수 카드

다음은 고대 로마 수를 아라비아 수로 나타낸 표입니다. 고대 로마 수를 아라비아 수로 나타내어 봅시다.

I	II	III	IV	V	VI	VII	VIII	IX	X
1	2	3	4	5	6	7	8	9	10
XI	XII	XIV	XV	XX	XL	L	XC	C	D
11	12	14	15	20	40	50	90	100	500

❶ 고대 로마 수는 자리값이 없고 나타내는 수를 더해서 수를 표시하였습니다. ☐ 안에 알맞은 아라비아 수를 써넣으시오.

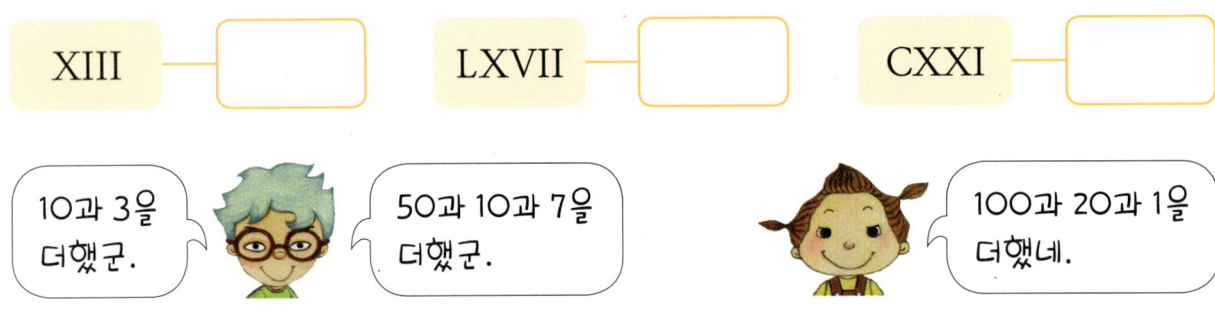

XIII — ☐   LXVII — ☐   CXXI — ☐

10과 3을 더했군.

50과 10과 7을 더했군.

100과 20과 1을 더했네.

❷ 작은 수가 왼쪽에 있으면 큰 수에서 작은 수를 빼서 나타냅니다. ☐ 안에 알맞은 아라비아 수를 써넣으시오.

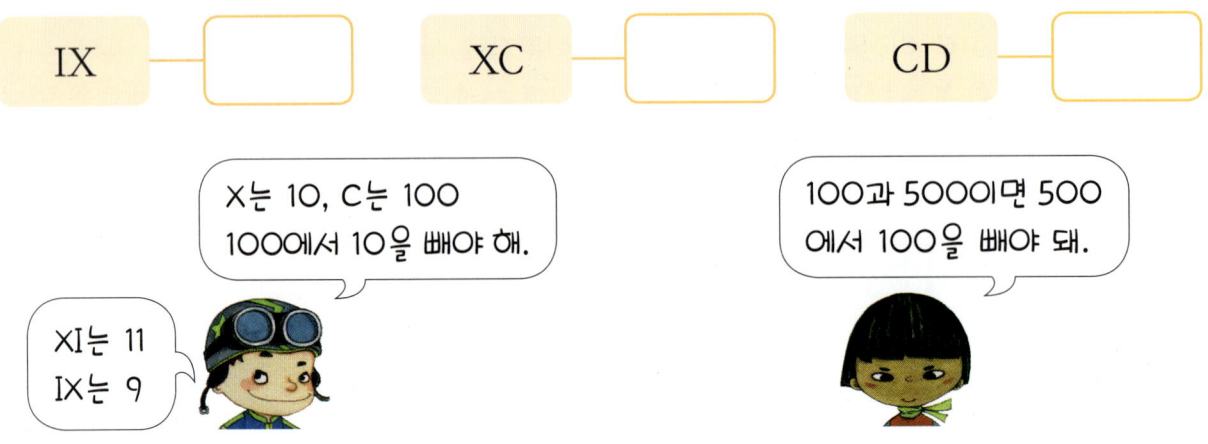

IX — ☐   XC — ☐   CD — ☐

X는 10, C는 100
100에서 10을 빼야 해.

XI는 11
IX는 9

100과 500이면 500에서 100을 빼야 돼.

[이집트 숫자 카드]

1 다음과 같은 이집트 숫자 카드가 여러 장씩 있습니다. 이 카드를 사용하여 주어진 아라비아 수를 이집트 수로 나타낼 때, 가장 많이 사용한 카드에 ◯표 하시오.

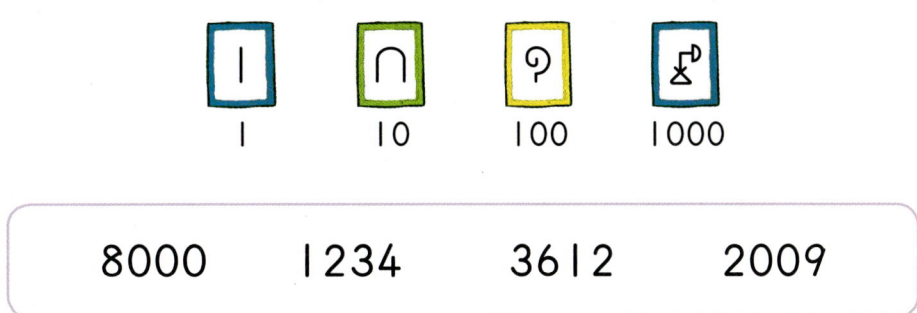

[로마 수 크기 비교]

2 다음 로마 수의 크기를 비교하여 큰 순서대로 아라비아 수로 바꾸어 써넣으시오.

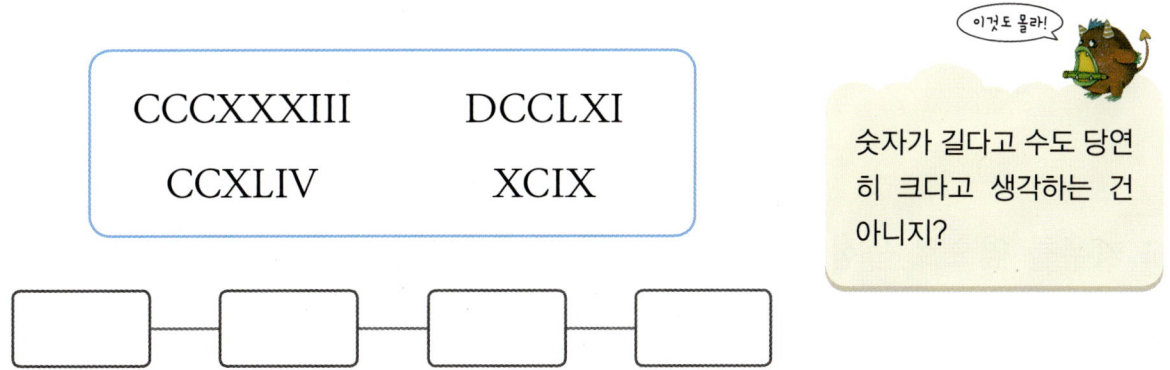

이것도 몰라!

숫자가 길다고 수도 당연히 크다고 생각하는 건 아니지?

자릿값 고대 수

고대 잉카 문명에서는 끈을 매듭으로 묶어서 수를 나타내는 '키푸'라는 방법이 있었습니다.

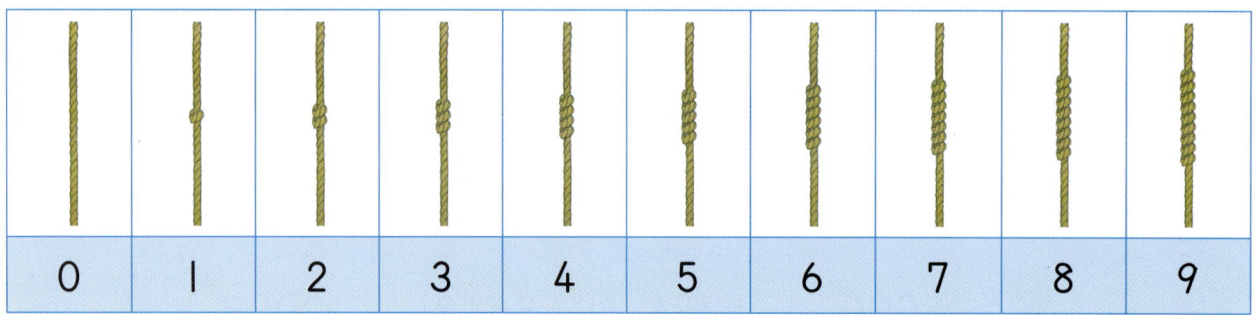

0	1	2	3	4	5	6	7	8	9

키푸는 위에 있는 매듭이 더 큰 자리를 나타냅니다. 키푸로 나타낸 여러 자리 수를 보고, ☐ 안에 알맞은 수를 써넣으시오.

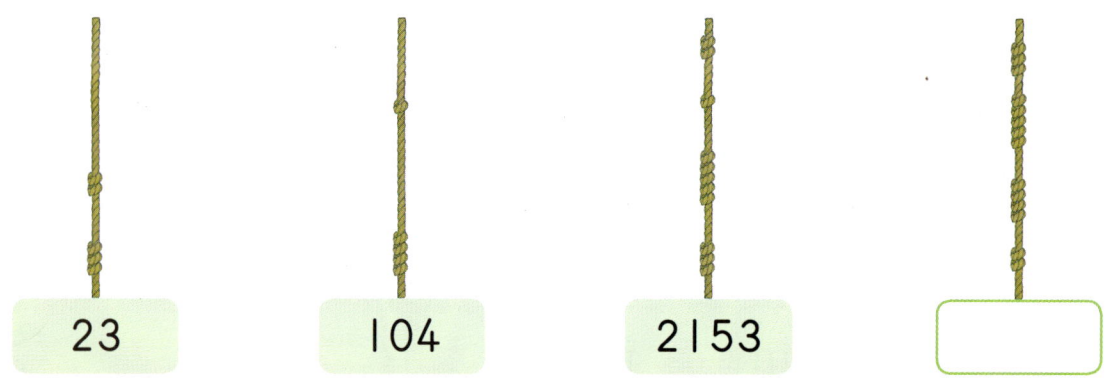

| 23 | 104 | 2153 | ☐ |

❶ 키푸를 옆으로 눕힌 그림을 보고 ☐ 안에 알맞은 수를 써넣으시오.

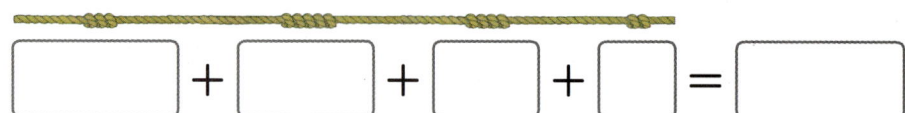

2000 + ☐ + ☐ + ☐ = 2153

❷ 키푸로 나타낸 수가 아라비아 수로 얼마인지 구하시오.

☐ + ☐ + ☐ + ☐ = ☐

1 주판에서 아래쪽 구슬이 1개씩 위로 올라갈 때마다 왼쪽부터 100, 10, 1이 커지고, 위쪽 구슬 1개가 아래로 내려가면 500, 50, 5가 커집니다. ☐ 안에 알맞은 수를 써넣으시오.

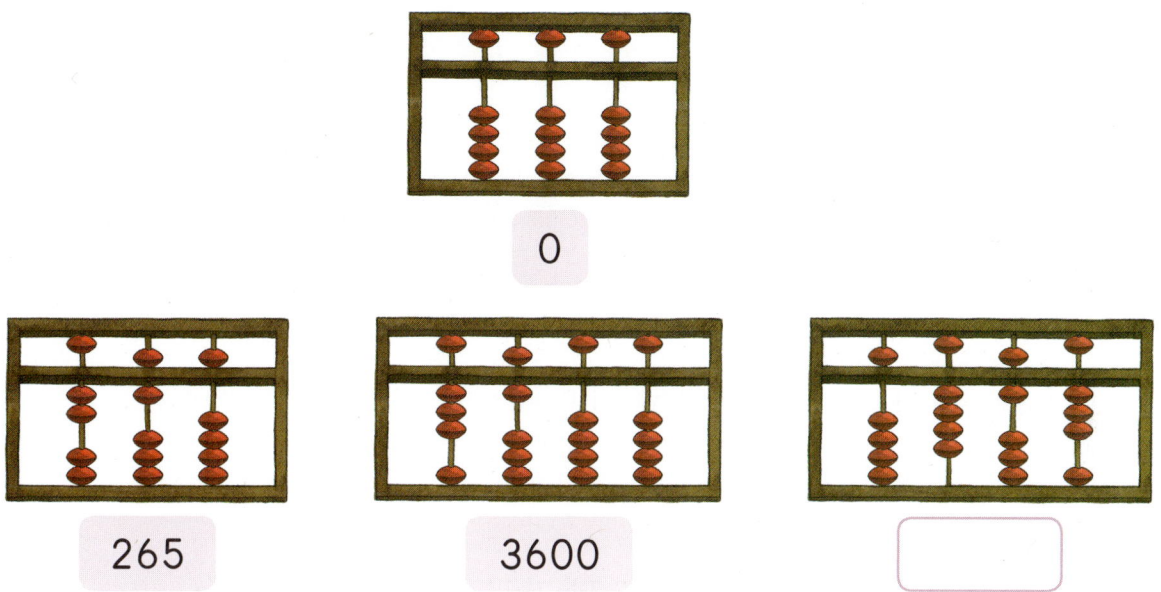

[나만의 수 체계]

2 아인이는 자신이 만든 숫자로 여러 가지 수를 나타내었습니다. 주어진 아라비아 수를 아인이의 수 체계로 나타내어 보시오.

0부터 9까지의 숫자를 각각 어떻게 나타내었는지 살펴봐.

아인이는 여러 가지 수 중에서 어떤 특징이 있는 수를 고른 다음, 자신의 이름을 붙여서 '아인 넘버'라고 하였습니다.

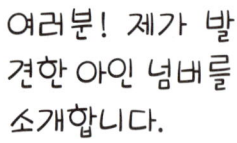

여러분! 제가 발견한 아인 넘버를 소개합니다.

2	7	33	99
404	555	1111	6886

아인 넘버에 대해 아인이는 다음과 같은 힌트를 줍니다. 아인 넘버는 어떤 특징을 가지고 있는지 생각해 봅시다.

한 자리 수는 모두 아인 넘버고, 앞으로 읽어도 뒤로 읽어도 똑같은 수도 모두 아인 넘버야.

다음 중 아인 넘버가 적힌 공을 모두 찾아 ○표 하시오.

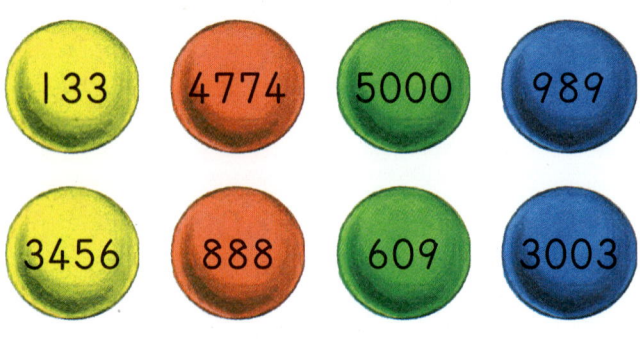

133 4774 5000 989

3456 888 609 3003

아인 워드는 이쁜이, 실험실, 왕중왕, 오디오, 장발장, 기중기······.

다음은 네 자리 수를 세 모둠으로 분류한 것입니다. 각 모둠에 알맞은 수를 2개씩 더 찾아 쓰시오.

모둠 가	모둠 나	모둠 다
1234	1121	3210
2358	2335	5321
3579	3993	7652
2678	6441	8310
6789	8888	9876

 노크 포인트

여러 가지 자릿수 조건에 맞는 네 자리 수를 찾을 수 있습니다.

① 같은 자릿수: 예 (천의 자리)=(일의 자리), (백의 자리)=(십의 자리)

3003   4554   9669   2222   7337

② 점점 커지거나 작아지는 자릿수: 예 (천의 자리)>(백의 자리)>(십의 자리)>(일의 자리)

8765   7650   4321   6543   9631

③ 자릿수의 합: 예 네 자릿수의 합이 15인 수

4821   7008   5505   1239   9051

네 자리 수 만들기

6000보다 작은 네 자리 수 중 천의 자리 숫자는 백의 자리 숫자보다 크고, 백의 자리 숫자는 십의 자리 숫자보다 크고, 십의 자리 숫자는 일의 자리 숫자보다 큰 수는 모두 몇 개인지 알아봅시다.

❶ 천의 자리 숫자가 3인 수 중 조건에 맞는 네 자리 수는 하나 밖에 없습니다. 그 수를 쓰시오.

❷ 천의 자리 숫자가 4인 네 자리 수 중 조건에 맞는 수를 모두 쓰시오.

❸ 천의 자리 숫자가 5인 네 자리 수 중 조건에 맞는 수는 모두 몇 개입니까?

천의 자리가 5인 네 자리 수 중 가장 큰 수는 5432이고, 가장 작은 수는 5210 이야.

❹ 조건에 맞는 수는 모두 몇 개입니까?

[조건에 맞는 수]

1　조건 에 맞는 네 자리 수는 모두 몇 개입니까?

> **조건**
>
> • 8000보다 큰 네 자리 수입니다.
> • 천의 자리 숫자는 백의 자리 숫자보다 크지 않습니다.
> • 백의 자리 숫자는 십의 자리 숫자보다 크지 않습니다.
> • 십의 자리 숫자는 일의 자리 숫자보다 크지 않습니다.

[숫자 카드로 만든 팔린드롬 수]

2　숫자 카드 8장 중 4장을 골라 한 번씩만 사용하여 만들 수 있는 네 자리 수 중 앞으로 읽어도 뒤로 읽어도 같은 팔린드롬 수는 모두 몇 개입니까?

| 0 | 0 | 1 | 1 | 2 | 2 | 3 | 3 |

이것도 몰라!

일의 자리 숫자가 0인 네 자리 팔린드롬 수를 찾으면 내 전 재산을 다 주겠어!

🐛 조건에 맞는 수

1000보다 작은 수 중 각 자리 숫자의 합이 2인 수를 모두 찾으면 다음과 같습니다.

> 2   11   20   101   110   200

1부터 9999까지의 수 중 각 자리 숫자의 합이 4인 수는 모두 몇 개인지 알아봅시다.

❶ 각 자리 숫자의 합이 4인 한 자리 수와 두 자리 수를 모두 찾아보시오.

❷ 각 자리 숫자의 합이 4인 세 자리 수를 찾으려고 합니다. 세 숫자의 합이 4인 경우를 모두 찾아보시오. 단, 숫자의 순서는 생각하지 않습니다.

(0 , 0 , 4)   (0 , 1 , 3)

(⬜ , ⬜ , ⬜)   (⬜ , ⬜ , ⬜)

❸ ❷에서 찾은 각 경우마다 세 자리 수를 만들어 보고, 만들 수 있는 세 자리 수는 모두 몇 개인지 알아보시오.

❹ 같은 방법으로 만들 수 있는 네 자리 수는 모두 몇 개입니까?

❺ 조건에 맞는 수는 모두 몇 개입니까?

[조건에 맞는 수의 개수]
1 4000보다 작은 수 중 각 자리 숫자의 합이 3인 네 자리 수는 모두 몇 개입니까?

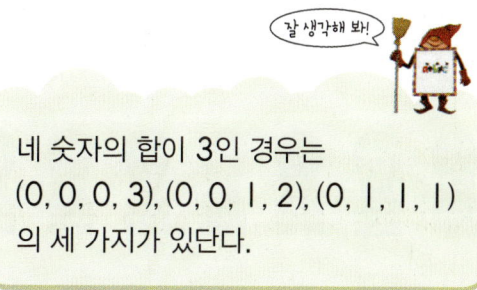

네 숫자의 합이 3인 경우는
(0, 0, 0, 3), (0, 0, 1, 2), (0, 1, 1, 1)
의 세 가지가 있단다.

[비밀번호 찾기]
2 초이가 금고의 비밀번호를 알 수 있는 힌트를 줍니다. 금고의 비밀번호는 몇 번입니까?

금고의 비밀번호는 각 자리 숫자의 합이 7인 네 자리 수 중 다섯 번째로 큰 수야.

수와 숫자의 개수

어느 날 대마왕은 평소 가장 마음에 들지 않았던 부하 요괴 셋을 불러놓고 명령을 내렸습니다.

여기 0부터 9까지 숫자를 찍을 수 있는 도장이 있다. 이 도장을 찍어서 1부터 100까지의 수를 종이 위에 순서대로 만들도록 해!

대마왕이 자리를 뜨자 부하 요괴들이 말했습니다.

어휴. 이걸 언제 다 찍지? 대마왕은 늘 우리에게 화풀이야.

100까지는 100개니까 도장은 100번만 찍으면 되잖아?

그건 수의 개수고, 도장은 숫자의 개수만큼 찍어야지.

멍하니 요괴

거꾸로 요괴

장난 요괴

부하 요괴들은 도장을 모두 몇 번 찍어야 합니까?

123456789101112 ……

🌀 수와 숫자의 개수에 맞도록 고른 수에 모두 ◯표 하시오.

- 수 3개, 숫자 4개

⑧ 141 ④ 2451 ⑰ 339

- 수 3개, 숫자 5개

1515 30 1 2708 905 9

- 수 3개, 숫자 7개

625 99 5000 4774 57 1357

노크 포인트

① 한 자리 수는 수와 숫자의 개수가 같습니다. 　8 ➡ 수 1개, 숫자 1개

② 두 자리 수는 숫자의 개수가 수의 개수의 **2**배입니다. 　30 ➡ 수 1개, 숫자 2개

③ 세 자리 수는 숫자의 개수가 수의 개수의 **3**배입니다. 　141 ➡ 수 1개, 숫자 3개

④ 네 자리 수는 숫자의 개수가 수의 개수의 **4**배입니다. 2451 ➡ 수 1개, 숫자 4개

지오는 0부터 999까지의 수가 모두 들어 있는 커다란 수 배열표를 만들었습니다. 지오가 쓴 수와 숫자는 각각 몇 개인지 알아봅시다.

| 0 | 1 | 2 | 3 | 4 | 5 | 6 | 7 | 8 | 9 |
| 10 | 11 | 12 | 13 | 14 | 15 | 16 | 17 | 18 | 19 |

⋮

| 990 | 991 | 992 | 993 | 994 | 995 | 996 | 997 | 998 | 999 |

❶ 0부터 999까지 수는 모두 몇 개입니까?

❷ 한 자리 수는 수와 숫자의 개수가 같습니다. 한 자리 수를 쓰는 데 사용한 숫자는 몇 개입니까?

❸ 두 자리 수는 숫자의 개수가 수의 개수의 2배입니다. 두 자리 수를 쓰는 데 사용한 숫자는 몇 개입니까?

❹ 세 자리 수는 숫자의 개수가 수의 개수의 3배입니다. 세 자리 수를 쓰는 데 사용한 숫자는 몇 개입니까?

❺ 지오가 쓴 숫자는 모두 몇 개입니까?

[1이 좋아]

1 숫자 1을 좋아하는 태경이는 11부터 연속으로 수 111개를 썼습니다. 태경이가 수를 쓰는 데 사용한 숫자는 모두 몇 개입니까?

잘 생각해 봐!

11이 첫 번째 수,
12가 두 번째 수,
13이 세 번째 수이면
111번째 수는?

> 11 12 13 14 15 16 17 18 ……

[숫자 카드로 만든 연속수]

2 숫자 카드로 다음과 같이 1부터 어떤 수까지 수를 연속으로 만들었더니 사용한 숫자 카드는 모두 219장이었습니다. 숫자 카드로 만든 마지막 수를 구하시오.

> 1 2 3 4 5 6 7 8 9 1 0 1 1 1 2 ……

카운팅 알고리즘

0부터 99까지의 수를 쓸 때 숫자 7은 모두 몇 번 쓰는지 알아봅시다.

❶ 다음과 같이 한 자리 수의 앞에 0을 하나 더 붙여서 두 숫자로 이루어진 수를 만들어 00부터 99까지 썼습니다.

00	01	02	03	04	05	06	07	08	09
10	11	12	13	14	15	16	17	18	19
20	21	22	23	24	25	26	27	28	29
30	31	32	33	34	35	36	37	38	39
40	41	42	43	44	45	46	47	48	49
50	51	52	53	54	55	56	57	58	59
60	61	62	63	64	65	66	67	68	69
70	71	72	73	74	75	76	77	78	79
80	81	82	83	84	85	86	87	88	89
90	91	92	93	94	95	96	97	98	99

두 숫자로 이루어진 수는 몇 개 있습니까?

❷ ❶과 같이 수를 쓸 때 수 1개마다 숫자가 2개씩 있습니다. 숫자는 모두 몇 개 있습니까?

❸ ❶과 같이 수를 쓸 때 0, 1, 2, 3, 4, 5, 6, 7, 8, 9는 모두 같은 개수만큼 씁니다. 숫자 7은 모두 몇 번 씁니까?

이 방식으로 숫자의 개수를 구하니 아주 간단하네.

[숫자 1의 개수]

1 1부터 100까지의 수를 쓸 때 숫자 1은 모두 몇 번 쓰게 됩니까?

$$1, 2, 3, 4, 5, 6, 7, 8, 9, 10, 11, \cdots\cdots, 99, 100$$

잘 생각해 봐!

00부터 99까지 숫자 1
의 개수를 구해 봐.

[숫자 0의 개수]

2 다음과 같이 000부터 999까지 키보드로 입력했습니다. 숫자 0 키는 모두 몇 번 눌렀습니까?

```
000 001 002 003
004 005 006 007
008 009 010 011
012 013 014 ……
```

이것도 몰라!

000부터 999까지 수
의 개수는?
000부터 999까지 숫
자의 개수는?
똑같이 쓰였으므로 숫자
0의 개수는?

 # 창의적 문제해결력

1 다음과 같은 로마 숫자 카드가 각각 1장씩 있습니다. 이 카드를 모두 사용하여 만들 수 있는 가장 작은 수는 아라비아 수로 얼마입니까?

I	V	X	L
1	5	10	50

LX는 60이지만 XL은 40을 나타내지.

2 도어록에 조건 에 맞는 수를 누르면 문이 열립니다. 도어록을 열 수 있는 수는 모두 몇 가지입니까?

조건
· 5000보다 크고 6000보다 작은 수입니다.
· 앞으로 읽어도 뒤로 읽어도 같은 팔린드롬 수입니다.
· 각 자리 숫자의 합이 15보다 작습니다.

3 다음과 같은 과녁에 다트 4개를 하나씩 던져서 맞힌 숫자로 네 자리 수를 만들려고 합니다. 만들 수 있는 수 중 각 자리 숫자의 합이 6인 수는 모두 몇 개입니까?

네 수의 합이 6
이 되는 경우를
먼저 찾아봐.

4 I부터 2씩 뛰어 세어 999까지 썼습니다. 사용한 숫자 2는 모두 몇 개입니까?

> I 3 5 7 9 II I3 I5 I7 I9 2I …… 997 999

Chapter 4

분수와 소수

10

분수만큼

떡장수 할머니는 팔고 남은 떡 **24**개를 가지고 집으로 돌아가고 있었습니다. 할머니가 고갯길에 접어들었을 때 갑자기 무서운 호랑이가 나타났습니다.

어쩔 수 없이 할머니는 호랑이가 달라는 대로 떡을 주었고, 떡을 다 먹은 호랑이는 숲 속으로 사라졌습니다. 할머니는 다시 출발하였지만 얼마 안 가 다시 호랑이가 나타났습니다.

호랑이에게 떡을 두 번 주고 떡장수 할머니에게 남은 떡은 몇 개인지 그림을 이용하여 구하시오.

🌀 ⬤ 안의 수만큼씩 묶고 ☐ 안에 알맞은 수를 써넣으시오.

⑤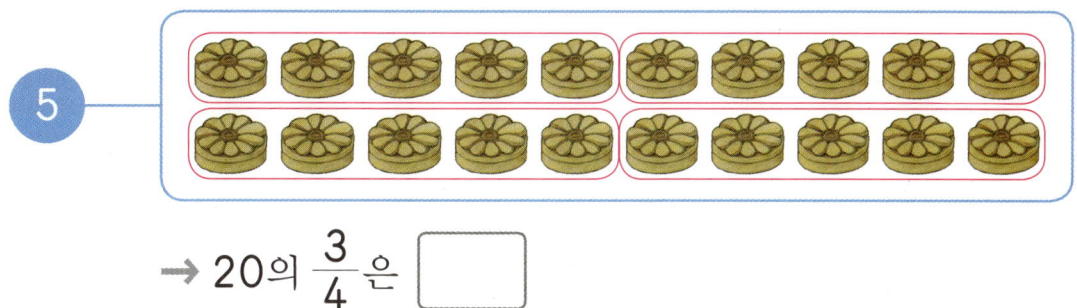

→ 20의 $\dfrac{3}{4}$은 ☐

④

→ 24의 $\dfrac{5}{6}$는 ☐

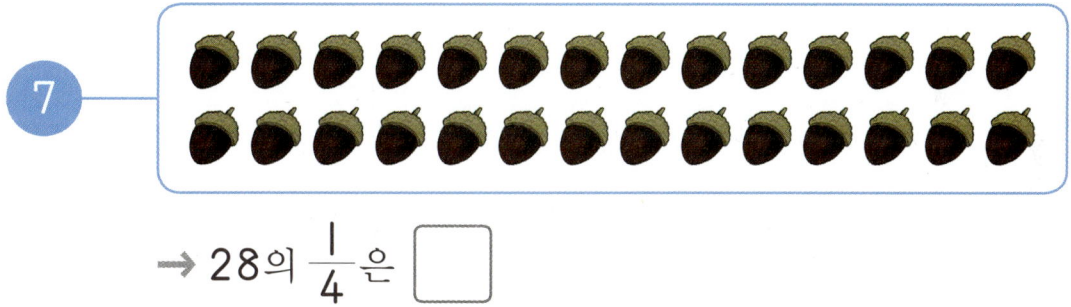

⑦ → 28의 $\dfrac{1}{4}$은 ☐

노크 포인트

시간을 분수로 나타내는 여러 가지 표현이 있습니다.

① 반기와 분기: 일년을 절반으로 나누어 앞의 절반을 상반기, 뒤의 절반을 하반기라 부릅니다.
일년은 12개월이므로 한 반기는 6개월입니다.
일년을 넷으로 나눈 하나를 분기라고 하며, 한 분기는 3개월입니다.

② 반과 반의 반: $\dfrac{1}{2}$은 '반', $\dfrac{1}{4}$은 '반의 반'이라고 합니다. 1시간을 기준으로 하여 반 시간은
30분, 반의 반 시간은 15분을 나타냅니다.

전체의 몇 분의 몇

태경이와 친구들은 12개의 사탕을 가지고 있습니다.

4개는 딸기맛이야.

딸기맛을 뺀 나머지의 $\frac{5}{8}$는 바나나맛이야.

사탕은 딸기맛, 바나나맛, 계피맛 3가지가 있어.

태경   지오   아인

초이가 계피맛 사탕 몇 개를 딸기맛 사탕으로 바꾸었더니 전체의 $\frac{1}{2}$이 딸기맛 사탕이 되었습니다. 초이가 바꾼 계피맛 사탕은 몇 개인지 구해 봅시다.

❶ 4개가 딸기맛입니다. 바나나맛과 계피맛 사탕은 각각 몇 개입니까?

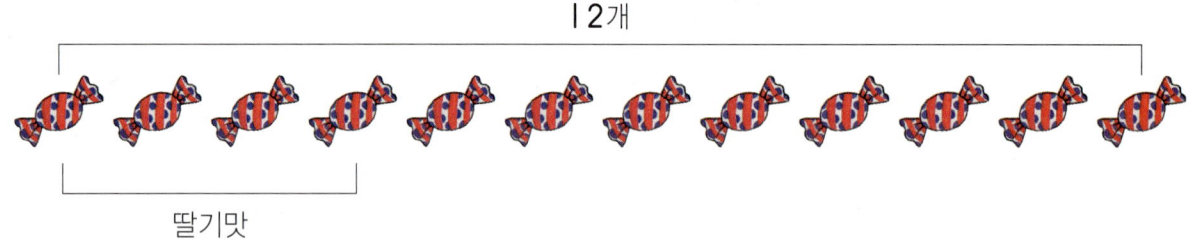

12개

딸기맛

❷ 딸기맛 사탕이 전체의 $\frac{1}{2}$이 되려면 계피맛 사탕 몇 개를 딸기맛 사탕으로 바꾸어야 합니까?

1 [설문 조사 결과]

초이네 반 학생 24명에게 가장 가고 싶은 소풍 장소에 대한 설문 조사를 하였더니 전체의 $\frac{1}{2}$은 동물원을, 전체의 $\frac{1}{3}$은 놀이공원을, 전체의 $\frac{1}{8}$은 박물관을 골랐습니다. 아무 곳도 고르지 않은 학생은 몇 명입니까?

2 [수 카드 넣기]

다음과 같은 수 카드 4장 중 3장을 ☐ 안에 넣어 올바른 말이 되도록 만들려고 합니다. 올바르게 카드를 넣는 방법은 모두 몇 가지입니까?

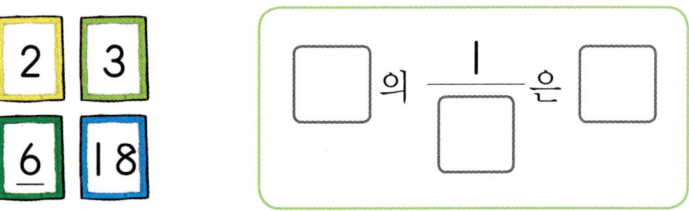

갈 생각해 봐!

18은 2, 3, 6으로 모두 묶을 수 있어.

시간과 분수

아인이는 하루 24시간의 $\frac{1}{3}$은 잠을 자고, $\frac{1}{4}$은 학교에서 보내고, $\frac{1}{8}$은 밥을 먹습니다. 남는 시간 중 2시간은 학원에 있고, 그 외의 시간은 자유 시간입니다. 자유 시간은 몇 시간인지 구해 봅시다.

❶ 다음은 하루 24시간을 원 모양으로 나타낸 그림입니다. 잠자는 시간, 학교에서 보내는 시간, 밥을 먹는 시간을 분수로 나타낸 것을 그려 보고, 각각의 시간을 구하시오.

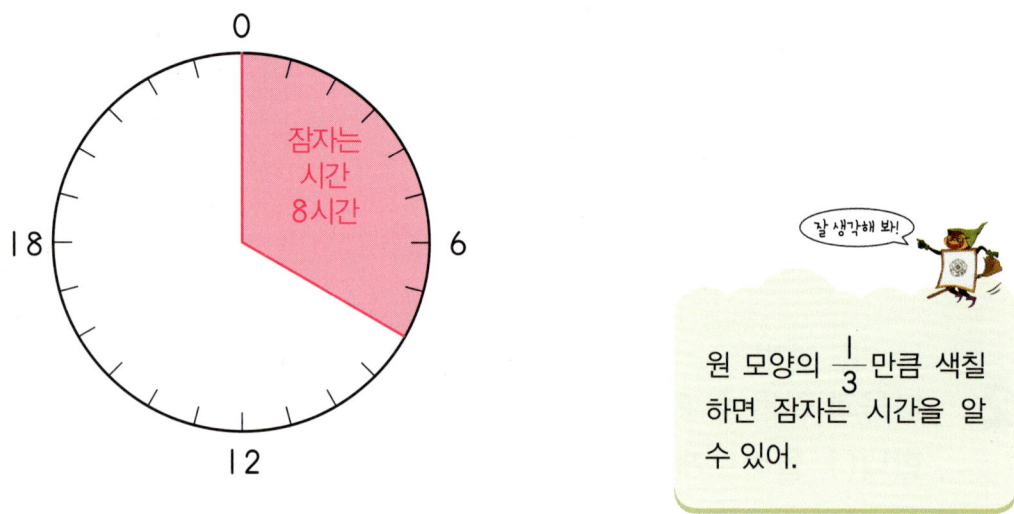

> 잘 생각해 봐!
>
> 원 모양의 $\frac{1}{3}$만큼 색칠하면 잠자는 시간을 알 수 있어.

❷ 잠을 자고, 학교에서 보내고, 밥을 먹는 시간을 뺀 나머지 시간은 모두 몇 시간입니까?

❸ 자유 시간은 몇 시간입니까?

1 ㅣ시간은 60분입니다. 시간을 분으로 나타낼 때, ☐ 안에 알맞은 수를 써넣으시오.

$$\frac{3}{5} 시간 = \boxed{} 분 \qquad \frac{7}{15} 시간 = \boxed{} 분$$

[기차 여행]

2 태경이는 서울에서 부산까지 2시간 30분 동안 KTX를 타고 갔습니다. 가는 시간 중 $\frac{1}{2}$ 은 책을 읽었고, $\frac{2}{5}$ 는 잠을 잤고, 나머지 시간은 도시락을 먹었습니다. 태경이가 도시락을 먹은 시간은 몇 분입니까?

잘 생각해 봐!

2시간 30분을 ㅣ5분씩 나누어서 생각해 봐.

분수 문제 해결

옛날 옛날에 더운 사막 지방에 살던 한 노인이 세 아들에게 낙타를 나누어 주기로 하고, 세 아들을 불러서 다음과 같이 말했습니다.

우리 집에 있는 낙타 17 마리 중 첫째는 낙타의 2분의 1을 갖고, 둘째는 3분의 1을 갖고, 막내는 9분의 1을 가지거라.

하지만 낙타 17마리는 2로도, 3으로도, 9로도 나누어떨어지지 않아서 세 아들은 고민에 빠졌습니다. 그때 마침 근처를 지나던 상인이 세 아들에게 다음과 같이 말했습니다.

고맙습니다.

내가 낙타 1마리를 빌려 주면 세 사람이 낙타를 나누어 가질 수 있을 거요.

세 아들은 상인의 말에 따라 낙타를 아버지의 뜻대로 나눈 다음, 다시 1마리를 상인에게 돌려주었습니다.

🕐 상인에게 빌린 낙타까지 낙타는 모두 18마리입니다. 세 아들이 가지는 낙타 수
를 각각 ☐ 안에 써넣으시오.

첫째: ☐마리   둘째: ☐마리   막내: ☐마리

분수는 크게 진분수와 가분수로 나눌 수 있고, 가분수는 대분수로 바꾸어 나타낼 수 있습니다.
① 진분수: 분자가 분모보다 작은 분수   ② 가분수: 분자가 분모보다 크거나 같은 분수

$$\frac{1}{2} \quad \frac{2}{3} \quad \frac{3}{5} \quad \frac{8}{9}$$

$$\frac{3}{2} \quad \frac{9}{4} \quad \frac{6}{5} \quad \frac{7}{7}$$

③ 대분수: 자연수와 진분수로 이루어진 분수

$$1\frac{5}{10} \quad 2\frac{2}{3} \quad 5\frac{3}{4}$$

 분수 만들기

다음 숫자 카드 5장 중 3장을 골라 한 번씩 사용하여 만들 수 있는 가장 큰 대분수와 가장 작은 대분수를 각각 구해 봅시다.

❶ 가장 큰 대분수를 만들려면 자연수 부분에 어떤 숫자가 들어가야 합니까?

❷ 가장 큰 숫자를 뺀 나머지 숫자로 만들 수 있는 가 장 큰 진분수를 구하시오.

분자가 크고 분모가 작을수 록 더 큰 분수가 되지.

❸ 가장 작은 대분수를 만들려면 자연수 부분에 어떤 숫자가 들어가야 합니까?

❹ 가장 작은 숫자를 뺀 나머지 숫자로 만들 수 있는 가장 작은 진분수를 구하시오.

❺ 만들 수 있는 가장 큰 대분수와 가장 작은 대분수를 각각 쓰시오.

1 다음 숫자 카드 4장 중 3장을 골라 한 번씩 사용하여 만들 수 있는 대분수는 모두 몇 개입니까?

이것도 몰라!

자연수 부분 오른쪽에는 반드시 진분수가 와야한 다는 것도 몰라?

   2 5 6 9

[조건에 맞는 분수]

2 조건 에 맞는 분수를 모두 구하시오.

조건

· 분모와 분자의 합이 20인 진분수입니다.
· $\frac{1}{2}$ 보다 큰 분수입니다.

잘 생각해 봐!

$\frac{1}{2}$ 보다 큰 분수는 분 자의 2배가 분모보다 크단다.

 분수 규칙

다음은 어떤 규칙에 따라 분수를 늘어놓은 것입니다.
오른쪽 도형에 6번째 분수만큼 색칠해 봅시다.

$$\frac{1}{20} \quad \frac{3}{19} \quad \frac{5}{18} \quad \frac{7}{17} \quad \cdots\cdots$$

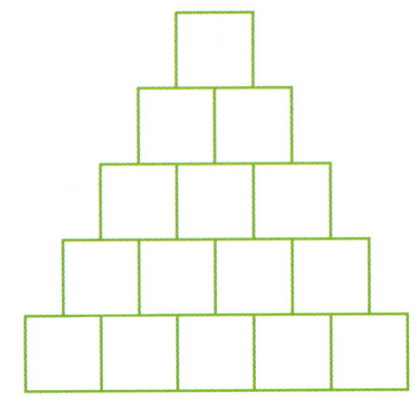

❶ 분자의 규칙을 알아보려고 합니다. 분자는 몇씩 커지고 있습니까?

1 　 3 　 5 　 7 　 ……

❷ 분모의 규칙을 알아보려고 합니다. 분모는 몇씩 작아지고 있습니까?

20 　 19 　 18 　 17 　 ……

❸ 6번째 분수를 구하고, 분수만큼 색칠해 보시오.

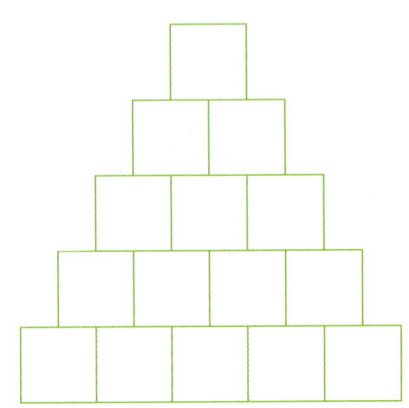

1 다음은 규칙에 따라 분수를 늘어놓은 것입니다. 빈 곳에 알맞은 분수를 써넣으시오.

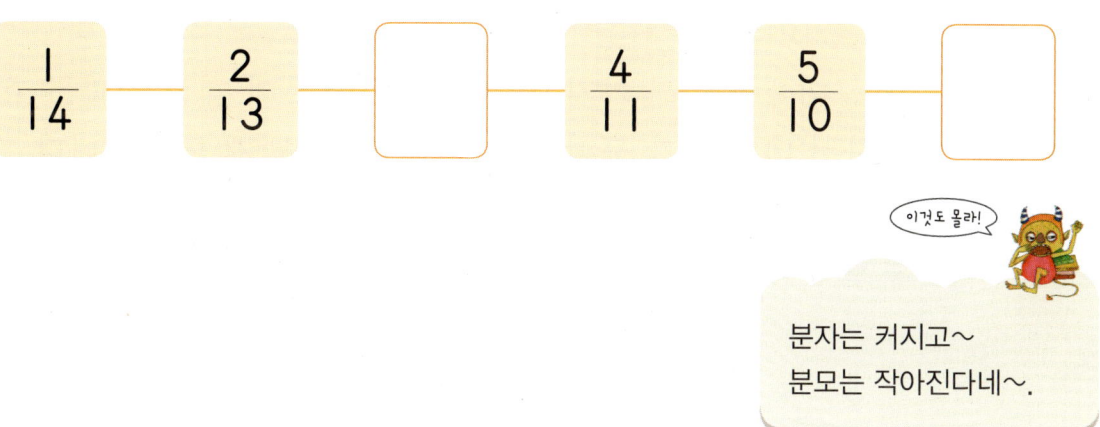

$$\frac{1}{14} \quad \frac{2}{13} \quad \boxed{} \quad \frac{4}{11} \quad \frac{5}{10} \quad \boxed{}$$

이것도 몰라!

분자는 커지고~
분모는 작아진다네~.

[최초의 가분수]

2 다음은 규칙에 따라 분수를 늘어놓은 것입니다. 처음 가분수가 되는 분수는 몇 번째 분수입니까?

$$\frac{2}{30} \quad \frac{4}{27} \quad \frac{6}{24} \quad \frac{8}{21} \quad \cdots\cdots$$

잘 생각해 봐!

분자와 분모가 몇씩 커지는지 또는 몇씩 작아지는지 찾아야 해.

소수는 분수보다 **3000**년이나 지난 뒤에 만들어졌는데, 네덜란드의 수학자 시몬 스테빈이 처음으로 소수를 사용하였습니다.

스테빈은 원래 군대에서 여러 가지 돈 계산을 하였는데 계산 결과를 효율적으로 나타내고 비교하는 데 분수가 불편하다는 사실을 깨닫게 되었습니다. 그래서 스테빈은 분수와 비슷하지만 좀 더 알아보기 쉬운 소수를 만들고, 소수의 개념을 정리하여 책으로 출판하였습니다.

5를 절반으로 나누면 2와 2분의 1로 나타내어야 하는데 2.5와 같이 나타내면 수의 크기를 더 쉽게 알 수 있지 않을까?

스테빈이 처음 사용한 소수는 지금과 다른 형태였습니다. 현재의 **0.435**를 스테빈은 '4①3②5③'과 같이 나타내었습니다. 현재와 같은 소수의 형태를 처음 사용한 사람은 이탈리아의 수학자 피보나치입니다.

스테빈의 소수를 현재의 소수로 바꾸어 나타내시오.

2①7② →	0.27		2①2②3③ →	

0①8②9③ →			5①1②4③ →	

수직선의 위쪽에는 분수, 아래쪽에는 소수를 나타내었습니다. ☐ 안에 알맞은 분수나 소수를 써넣으시오.

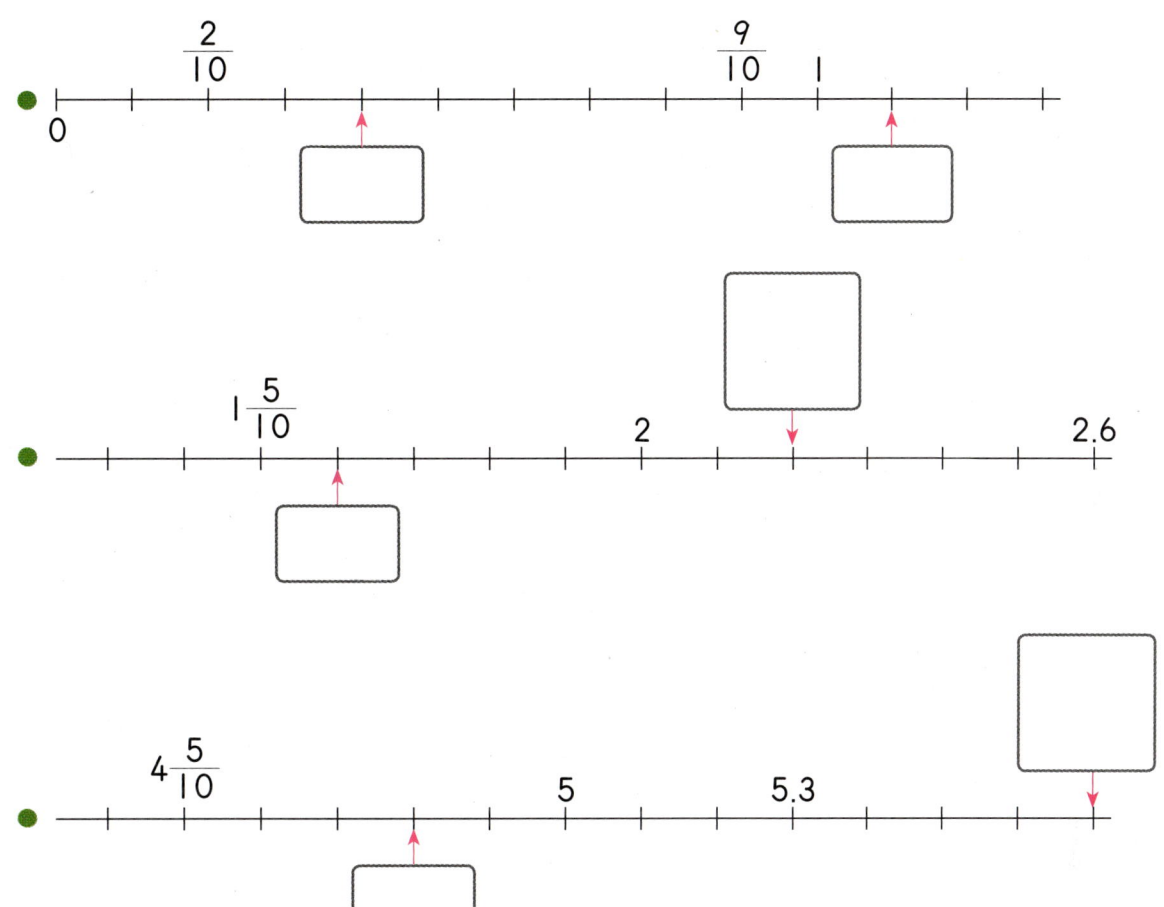

소수 만들기

다음 숫자 카드 4장 중 3장을 골라 □안에 넣어서 올바른 식을 만들어 봅시다. 두 가지 방법이 있습니다.

$$\frac{\Box}{\Box} < 0.\Box$$

일단 한번 만들어 보자. 가장 작은 분수를 만들면 $\frac{1}{5}$, 5와 1을 빼고 가장 큰 소수를 만들면 0.4. 찍기 신공 성공!

숫자 카드를 사용하여 만들 수 있는 가장 큰 소수는 0.5야. 만든 분수는 $\frac{1}{2}$보다 작아야 해.

❶ 숫자 카드를 사용하여 만들 수 있는 가장 큰 소수는 $0.5(=\frac{1}{2})$입니다. 숫자 카드로 $\frac{1}{2}$보다 작은 분수를 모두 만들어 보시오.

❷ ❶에서 만든 분수에 나머지 숫자 카드의 수를 사용하여 소수를 만들어 식이 성립되는 경우를 모두 찾아보시오.

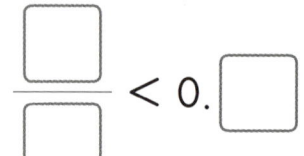

$$\frac{\Box}{\Box} < 0.\Box \qquad \frac{\Box}{\Box} < 0.\Box$$

1 다음 숫자 카드 5장 중 2장을 골라 한 번씩 사용하여 만들 수 있는 가장 작은 소수 한 자리 수와 가장 큰 소수 한 자리 수를 각각 구하시오.

가장 큰 소수: ☐ . ☐   가장 작은 소수: ☐ . ☐

2 다음 숫자 카드 중 2장 또는 3장과 소수점을 사용하여 만들 수 있는 소수 한 자리 수는 모두 몇 개입니까?

조건과 소수

조건 을 만족하는 소수는 모두 몇 개인지 구해 봅시다.

> **조건**
>
> • 2보다 크고 4보다 작은 소수 한 자리 수입니다.
> • 소수점 아래 숫자는 홀수입니다.
> • 자연수 부분의 숫자와 소수점 아래 숫자의 합은 10보다 큽니다.

소수점 아래 숫자 1개가 있는 수가 소수 한 자리 수야.

❶ 첫 번째 조건을 만족하는 소수 중 가장 작은 수와 가장 큰 수를 각각 구하시오.

가장 작은 수: ☐ . ☐   가장 큰 수: ☐ . ☐

❷ 첫 번째 조건을 만족하는 소수 중 두 번째 조건을 만족하는 소수를 모두 구하시오.

☐ . ☐   ☐ . ☐   ☐ . ☐   ☐ . ☐

☐ . ☐   ☐ . ☐   ☐ . ☐   ☐ . ☐

☐ . ☐   ☐ . ☐

❸ ❷에서 찾은 소수 중 세 번째 조건을 만족하는 수는 모두 몇 개입니까?

1 소수점 아래 숫자가 홀수라고 할 때 다음을 만족하는 소수 한 자리 수는 모두 몇 개입니까?

$$4 < \boxed{}.\boxed{} < 7.5$$

잘 생각해 봐!

$4 < 4.1$
$7.4 < 7.5$

[조건에 맞는 소수]
2 조건 을 만족하는 소수를 모두 구하시오.

조건

• 4와 6 사이의 소수 한 자리 수입니다.
• 자연수 부분의 숫자가 소수점 아래의 숫자보다 큽니다.
• 소수점 아래의 숫자는 짝수입니다.

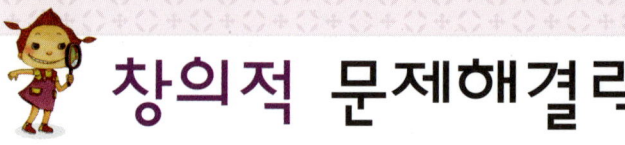

1 어떤 나비는 알 – 애벌레 – 번데기 – 성충의 일생을 거칩니다. 나비는 태어나서 일생의 $\frac{1}{8}$ 은 알로 있고, 알에서 깨어나 일생의 $\frac{1}{3}$ 은 애벌레로 있고, 다시 번데기로 일생의 $\frac{1}{6}$ 을 보낸 다음, 성충으로 지내는 시간은 나머지 18주입니다. 이 나비의 일생은 몇 주입니까?

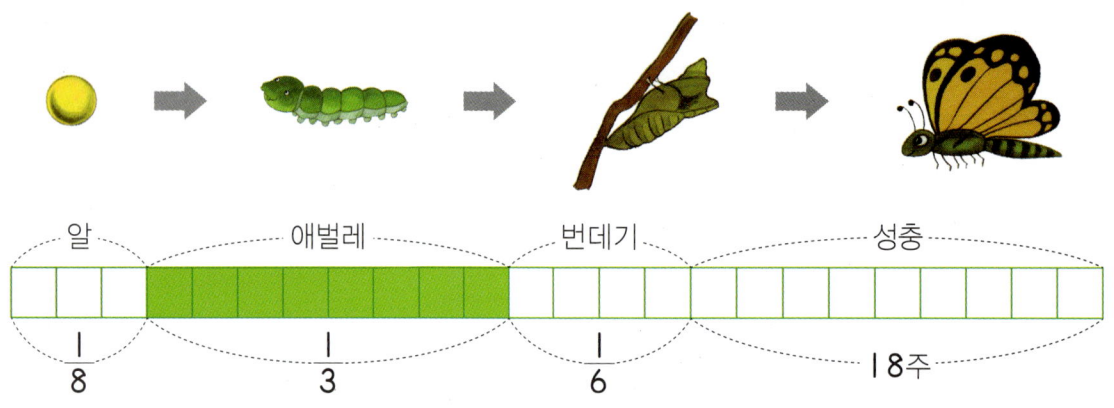

2 다음 숫자 카드 5장 중 3장을 골라 한 번씩 사용하여 만들 수 있는 대분수 중 두 번째로 작은 대분수를 구하시오.

3 다음은 규칙에 따라 분수를 늘어놓은 것입니다. 9번째 분수를 소수로 나타내시오.

$$\frac{3}{2} \qquad \frac{8}{3} \qquad \frac{15}{4} \qquad \frac{24}{5} \qquad \frac{35}{6} \qquad \cdots\cdots$$

분모와 분자가 변하는 규칙을 각각 알아봐.

4 다음 숫자 카드 중 3장을 골라 식이 성립하도록 ☐ 안에 알맞은 수를 써넣으시오. 4가지 방법이 있습니다.

$$\boxed{1} \quad \boxed{2} \quad \boxed{4} \quad \boxed{5}$$

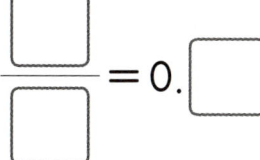

$$\frac{\square}{\square} = 0.\square \qquad\qquad \frac{\square}{\square} = 0.\square$$

$$\frac{\square}{\square} = 0.\square \qquad\qquad \frac{\square}{\square} = 0.\square$$

먼저 소수를 만들고, 만든 소수와 크기가 같은 분수를 만들면 돼.

MEMO

정답및 해설

수

C1
(10~11세)

누구나 쉽고 재미있게
사고력
수학
뉴크

정답및 해설

수

C1
(10~11세)

누구나 **쉽고 재미**있게
사고력 수학
느그

천재교육

누구나 **쉽고 재미**있게
사고력
수학
노크

정답 및 해설

누구나 쉽고 재미있게

사고력 수학
노크 C1
(10~11세)

수

Chapter 1 나눔과 분수

1 똑같이 나누기

지오, 아인, 초이가 과자를 나누어 먹으려고 합니다. 지오가 동그란 과자를 그림과 같이 나누었습니다.

자! 왼쪽은 아인이가, 오른쪽은 초이가 먹어. 나는 남는 가운데 부분을 먹을게.

지오

뭔가 좀 불공평한 것 같은데?

아인

초이

세 사람에게 모두 공평하도록 나누려면 과자를 어떻게 나누어야 할지 생각해 보고, 다음 과자를 각각 공평하게 셋으로 나누어 나타내시오.

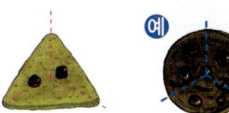 예 예

이외에도 여러 가지 방법이 있습니다.

○ 다음 도형을 점과 점을 연결하여 똑같이 둘로 나누어 보고, 똑같이 나눌 수 없는 도형에 ✕표 하시오.

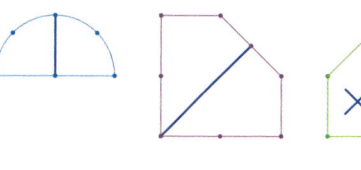 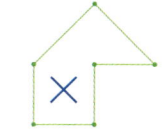

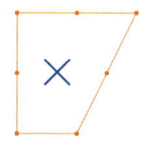 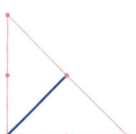 

모양과 크기가 모두 같게 둘로 나누었니?

누코 포인트

여러 가지 도형을 똑같이 나눌 수 있습니다.

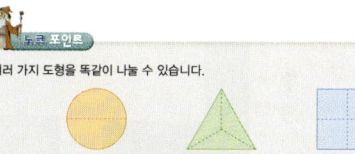

똑같이 둘로 나누기　똑같이 셋으로 나누기　똑같이 넷으로 나누기

🐲 렙타일

원래 도형과 모양은 같지만 크기는 다른 조각으로 똑같이 나누는 것을 렙타일이라고 합니다.

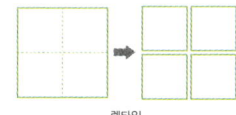

렙타일　　　렙타일이 아님

오른쪽 도형을 원래 도형과 모양은 같지만 크기는 다른 4조각으로 나누어 봅시다.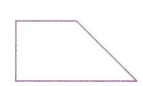

❶ 모눈 위에 도형을 옮겨 그렸습니다. 도형 안에 모눈의 작은 삼각형이 몇 개 들어갑니까? **24개**

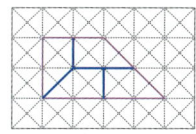

❷ 도형을 똑같이 4조각으로 나누려면 한 조각 안에 삼각형이 몇 개 들어갑니까? **6개**

❸ ❶의 도형을 한 조각의 크기를 생각하며 모양은 같지만 크기는 다른 4조각으로 나누어 보시오.

[사다리 렙타일]

1 다음 도형을 점과 점을 연결하여 원래의 도형과 모양이 같은 4개의 조각으로 나누어 보시오.

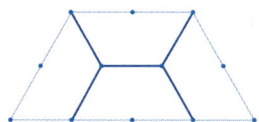

[땅 나누기]

2 땅을 원래 땅과 모양이 같은 4부분으로 나누려고 합니다. 모눈을 따라 땅을 나누어 보시오.

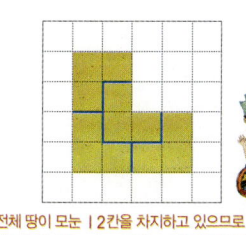

땅은 모두 12칸이야. 4부분으로 나누면 한 부분이 몇 칸씩이 되어야 하는 거지?

전체 땅이 모눈 12칸을 차지하고 있으므로 한 부분은 12÷4=3(칸) 크기의 땅이어야 합니다.

🏔️ 여러 가지 등분법

14
15

다음 도형을 점선을 따라 똑같이 4조각으로 나누려고 합니다. 이때 나누어진 조각에 ★이 하나씩 포함되도록 나누는 여러 가지 방법을 알아봅시다. (단, 나누어진 조각의 모양을 돌리거나 뒤집어서 같은 것은 한 가지 방법으로 봅니다.)

  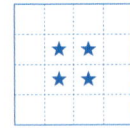

❶ 색칠한 부분이 나누어진 조각 중 하나가 되도록 나누어 보시오.

❷ 굵은 선이 나누는 선의 일부가 되도록 나누어 보시오.

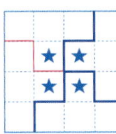

❸ ❶, ❷와 다른 방법을 하나 더 찾아보시오.

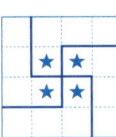

[육각형 나누기]
1 점과 점을 연결하여 육각형을 주어진 조각의 수에 맞게 똑같이 나누어 보시오.

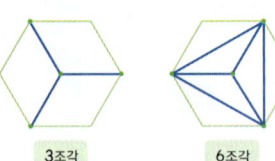 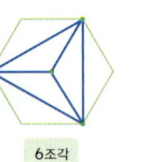 

3조각   6조각   4조각

[십자 모양 나누기]
2 십자 모양을 주어진 조각의 수에 맞게 똑같이 나누어 보시오.

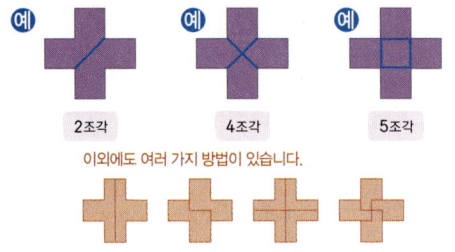

예 2조각   예 4조각   예 5조각

이외에도 여러 가지 방법이 있습니다.

---

② 도형과 분수

16
17

초이, 태경, 지오, 아인이는 빵 3개를 똑같이 나누어 가지려고 합니다.

빵 3개를 우리 4명이 똑같이 나누어 가져야 해. **초이**

빵을 4조각으로 각각 나눈 후 3조각씩 가져가면 돼. **태경**

지오는 가져가는 빵의 양을 수로 나타내고 싶습니다.

우리가 가져가는 빵의 양은 1개보다 적어, 1보다 작은 수를 어떻게 나타내지? **지오**

$\dfrac{3}{4}$
전체를 똑같이 4로 나눈 것 중의 3

1보다 작은 수를 나타내는 방법이 있어. 바로 분수지. 빵을 똑같이 4조각으로 나눈 것 중의 3조각을 $\dfrac{3}{4}$이라고 해. **아인**

색칠한 부분은 전체를 똑같이 3으로 나눈 것 중 2입니다. 이것을 $\dfrac{2}{3}$라 쓰고, 삼분의 이라고 읽습니다. 전체에 대하여 색칠한 부분의 크기를 분수로 나타내시오.

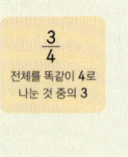 $\dfrac{2}{3}$

 $\dfrac{3}{5}$  $\dfrac{2}{5}$  $\dfrac{3}{4}$

🔽 정삼각형을 주어진 분수에 맞게 나누고 색칠하시오.

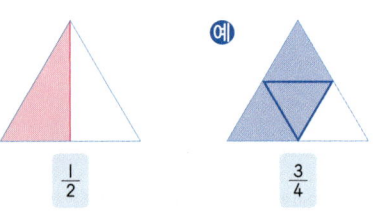

$\dfrac{1}{2}$ 예 $\dfrac{3}{4}$

예 $\dfrac{3}{8}$ 예 $\dfrac{5}{9}$

이외에도 여러 가지 방법이 있습니다.

🧙 보충 포인트

분수는 전체에 대한 부분을 나타낸 수이므로 같은 분수라도 전체 도형에 따라 색칠한 부분의 모양과 크기가 달라집니다.

$\dfrac{3}{4}$

🧩 분수 탱그램

정사각형 모양 색종이를 잘라 탱그램 퍼즐을 만들었습니다. 정사각형 전체의 크기를 |이라고 할 때, 각 탱그램 조각의 크기를 분수로 나타내어 봅시다.

7조각 도형을 움직여 여러 가지 모양을 만드는 놀이를 탱그램이라고 해.

❶ ①번 조각은 전체 정사각형을 똑같이 4로 나눈 것 중의 |입니다. ①번 조각의 크기를 분수로 나타내시오. $\dfrac{1}{4}$

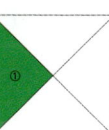

❷ ⑤번 조각은 ①번 조각을 똑같이 4로 나눈 것 중의 |입니다. ⑤번 조각의 크기를 분수로 나타내시오. $\dfrac{1}{16}$

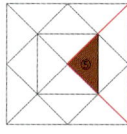

⑤번 조각은 정사각형을 4개로 나눈 모양을 다시 4개로 나눈 것 중 하나이므로 크기는 $\dfrac{1}{16}$입니다.

❸ 오른쪽 그림을 보고 ②, ③, ④번 조각의 크기를 각각 분수로 나타내시오. $\dfrac{2}{16}, \dfrac{2}{16}, \dfrac{2}{16}$

또는 $\dfrac{1}{8}, \dfrac{1}{8}, \dfrac{1}{8}$

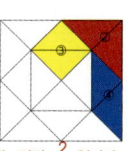

②, ③, ④번 조각은 전체를 |6으로 나눈 것 중의 2이므로 크기는 각각 $\dfrac{2}{16}$입니다.
이것은 전체를 8로 나눈 것 중의 |이라고 생각할 수도 있으므로 $\dfrac{1}{8}$도 정답입니다.

[분수 패턴블록]

1 다음은 패턴블록 조각입니다. 노란색 블록의 크기를 |이라고 할 때, 다른 조각의 크기를 분수로 나타내시오.

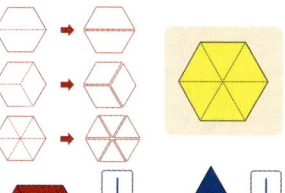

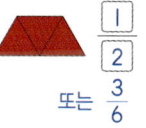 $\dfrac{1}{2}$ 또는 $\dfrac{3}{6}$

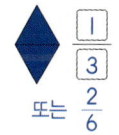 $\dfrac{1}{3}$ 또는 $\dfrac{2}{6}$

 $\dfrac{1}{6}$

[탱그램으로 나타낸 분수]

2 탱그램 퍼즐 중 두 조각을 보고 큰 조각에 대한 작은 조각의 크기를 분수로 나타내시오.

$\dfrac{2}{4}$ 또는 $\dfrac{1}{2}$

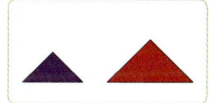

$\dfrac{1}{2}$

🧩 분수로 나타내기

전체 도형의 크기를 |이라고 할 때, 색칠한 부분의 크기를 분수로 나타내어 봅시다.

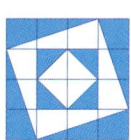

❶ 전체 도형의 크기를 |이라고 할 때, 작은 정사각형 | 개의 크기를 분수로 나타내시오. $\dfrac{1}{16}$

❷ 작은 분홍색 삼각형 2개를 그림과 같이 옮기면 빈 곳에 꼭 맞게 들어갑니다. 분홍색 삼각형을 모두 옮겨 작은 정사각형이 채워지도록 색칠하시오.

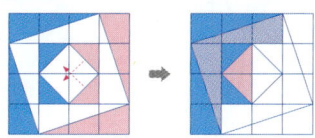

❸ 색칠된 작은 정사각형은 모두 몇 개입니까? 8개

❹ 색칠한 부분의 크기를 분수로 나타내시오. $\dfrac{8}{16}$ 또는 $\dfrac{1}{2}$

[옮겨서 합치기]

1 전체 도형의 크기를 |이라고 할 때, 색칠한 부분의 크기를 분수로 나타내시오. $\dfrac{5}{9}$

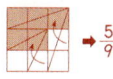 ➡ $\dfrac{5}{9}$

[분수로 나타낸 무늬]

2 전체 도형의 크기를 |이라고 할 때, 색칠한 부분의 크기를 분수로 나타내시오. $\dfrac{1}{4}$

색칠한 부분의 크기를 알 수 있게 아래에 색칠한 부분을 옮겨 붙여.

크기를 알기 쉽게 색칠한 부분을 옮겨 봅니다.

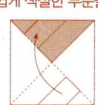

4   C1 수

③ 이집트의 분수

멍하니, 거꾸로, 올보, 딴소리 요괴도 빵 3개를 똑같이 나누려고 합니다.

올보 요괴의 말이 그럴 듯하여 다시 빵을 나누려고 하는데 아인이가 새로운 방법을 말합니다.

아인이가 말한 방법대로 나눌 때, 꼬마 요괴 한 명이 갖게 되는 빵을 단위분수의 합으로 나타내시오.

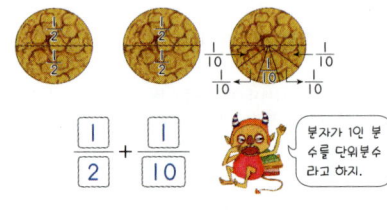

다음 그림은 아인이의 방법을 사용하여 빵 3개를 5명이 공평하게 나눈 것입니다. 한 사람이 갖게 되는 빵을 단위분수의 합으로 나타내시오.

$$\boxed{\dfrac{1}{2}} + \boxed{\dfrac{1}{10}}$$

분자가 1인 분수를 단위분수 라고 하지.

노크 포인트

고대 이집트에서는 일찍부터 분수를 사용했습니다. 문명이 발달하면서 남는 곡식을 똑같이 나누는 일이 많아졌고, 정확하고 간단하게 나누기 위해 분수가 필요했기 때문입니다. 고대 이집트에서는 대부분 분자가 1인 단위분수를 사용했습니다. 분자가 1이 아닌 분수는 단위분수의 합으로 나타내었습니다.

$$\dfrac{3}{4} = \dfrac{1}{2} + \dfrac{1}{4}, \quad \dfrac{3}{5} = \dfrac{1}{2} + \dfrac{1}{10}$$

🐱 호루스의 눈

고대 이집트에서는 분수를 나타낼 때 분자 없이 분모로만 나타내었습니다. 현재의 분수를 고대 이집트 분수로 나타내어 봅시다.

빵을 크기도 모양도 똑같이 공평하게 나누는 것을 이집트의 분배 방식이라고 하지. 아인이가 빵을 나눈 방식이지.

이집트에서는 분자 없이 분모로만 분수를 나타내.

❶ 고대 이집트에서 사용하는 숫자입니다. 빈칸에 알맞은 이집트 수와 아라비아 수를 쓰시오.

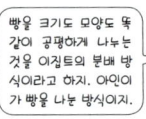  

❷ $\dfrac{2}{3}$를 제외한 나머지 이집트 분수는 분자가 항상 1이고, 수의 위에 ⌒를 그려 분수임을 나타내었습니다. 빈칸에 알맞은 이집트 분수 또는 현재의 분수를 써넣으시오.

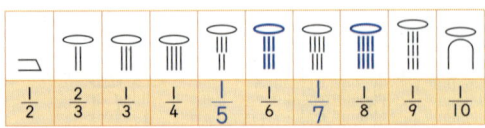

규칙대로 하면 $\dfrac{1}{2}$은 $\dfrac{⌒}{11}$이 되어야 하는데 왜 ⌐ 모양이지?

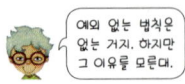

예외 없는 법칙은 없는 거지. 하지만 그 이유를 모른대.

[이집트 분수]

1 다음은 아라비아 수를 이집트 수로 나타낸 것입니다.

아라비아 수	12	24	31
이집트 수	∩III	∩∩IIII	∩∩∩I

다음 분수를 이집트 분수로 나타내시오.

현재의 분수	$\dfrac{1}{12}$	$\dfrac{1}{24}$	$\dfrac{1}{31}$
이집트 분수	⌒∩II	⌒∩∩IIII	⌒∩∩∩I

[호루스의 눈]

2 호루스의 눈은 고대 이집트 시대 파피루스에 그려진 그림입니다. 호루스의 눈에 나타난 분수를 이집트 분수로 써 보시오.

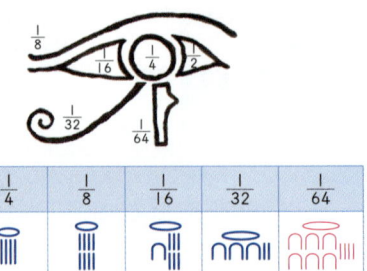

$\dfrac{1}{2}$	$\dfrac{1}{4}$	$\dfrac{1}{8}$	$\dfrac{1}{16}$	$\dfrac{1}{32}$	$\dfrac{1}{64}$
⌐	III	III	⌒∩	⌒∩∩I	⌒∩∩III

정답 및 해설 **5**

🦫 이집트 분수로 나타내기

고대 이집트에서는 분자가 1인 단위분수를 나타내는 방법이 정해져 있었고, 분자가 1이 아닌 분수는 단위분수의 합으로 나타내었습니다.

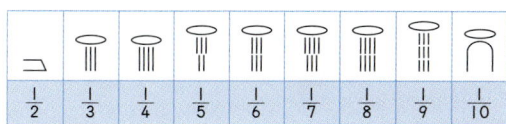

$$\frac{3}{4} = \frac{1}{2} + \frac{1}{4} \rightarrow$$

$\frac{5}{6}$ 를 이집트 분수로 나타내어 봅시다.

❶ 이집트 분수로 나타내려면 주어진 분수를 단위분수의 합으로 나타내어야 합니다. 그림을 보고 빈칸에 알맞은 단위분수를 써넣으시오.

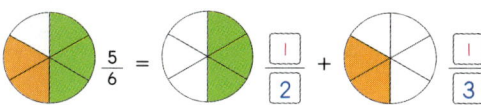

$$\frac{5}{6} = \boxed{\frac{1}{2}} + \boxed{\frac{1}{3}}$$

❷ $\frac{5}{6}$ 를 이집트 분수로 나타내시오.

$$\frac{5}{6} \rightarrow$$

[이집트 분수 해독]

1 주어진 그림을 이용하여 다음 이집트 분수를 현대의 분수로 나타내시오.

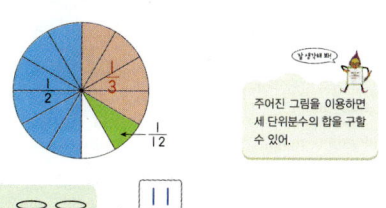

주어진 그림을 이용하면 세 단위분수의 합을 구할 수 있어.

$$\rightarrow \boxed{\dfrac{11}{12}}$$

주어진 이집트 분수를 단위분수의 합으로 나타내면 $\frac{1}{2} + \frac{1}{3} + \frac{1}{12}$ 입니다.

세 단위분수를 각각 그림 위에 나타내면 세 단위분수의 합은 $\frac{11}{12}$ 입니다.

[이집트 분수로 나타내기]

2 다음 분수를 이집트 분수로 나타내시오.

$$\boxed{\frac{4}{9}} \rightarrow$$

$\frac{4}{9}$ 를 그림으로 나타내면 $\frac{1}{3} + \frac{1}{9}$ 과 같습니다.

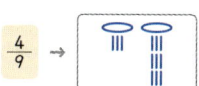

👧 창의적 문제해결력

1 다음 도형을 원래 도형과 모양이 같은 4개의 조각으로 나누어 보시오.

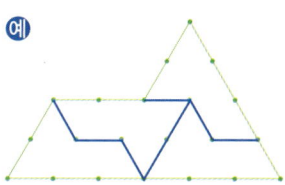

예

2 탱그램 퍼즐 중 몇 조각을 사용하여 오른쪽 모양을 만들었습니다. 전체 정사각형의 크기를 1이라고 할 때, 오른쪽 모양의 크기를 분수로 나타내시오.

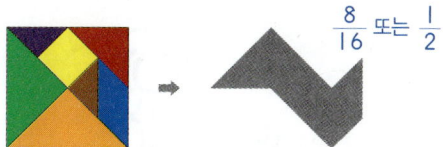

$\frac{8}{16}$ 또는 $\frac{1}{2}$

주어진 모양을 탱그램 조각 중 가장 작은 조각으로 나누면

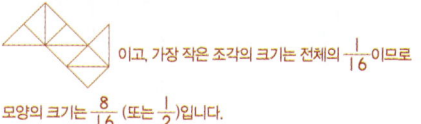

이고, 가장 작은 조각의 크기는 전체의 $\frac{1}{16}$ 이므로

모양의 크기는 $\frac{8}{16}$ (또는 $\frac{1}{2}$)입니다.

♥ 동영상 특강
QR 코드를 찍어 보세요!!!

3 전체 도형의 크기를 1이라고 할 때, 색칠한 부분의 크기를 분수로 나타내시오. (단, 점과 점 사이의 거리는 모두 같습니다.) $\dfrac{7}{32}$

전체 도형을 그림과 같이 나누어 보면 색칠한 부분은 전체를 똑같이 32로 나눈 것 중 7이므로 $\frac{7}{32}$ 입니다.

4 $\frac{3}{10}$ 을 단위분수의 합과 이집트 분수로 나타내시오.

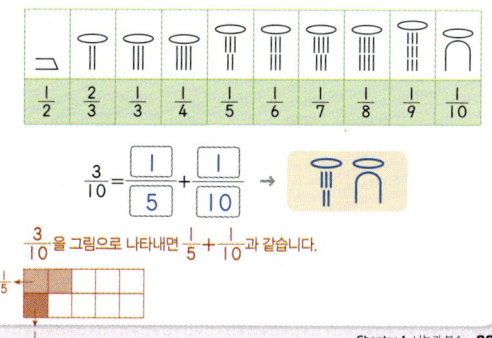

$$\frac{3}{10} = \boxed{\frac{1}{5}} + \boxed{\frac{1}{10}} \rightarrow$$

$\frac{3}{10}$ 을 그림으로 나타내면 $\frac{1}{5} + \frac{1}{10}$ 과 같습니다.

분수의 크기

④ 크기가 같은 분수

아인이는 기르는 원숭이에게 초콜릿을 주려고 합니다. 어느 날 아침에 초콜릿을 다음과 같이 나누어서 주었더니 원숭이는 소리를 지르며 화를 내었습니다.

초콜릿을 3조각 으로 나눈 것 중 1개를 줄게.

1개…… 우끼! 우끼! 까아악!

아인이는 원숭이를 달래주려고 점심 때는 아침과 다른 방법으로 초콜릿을 나누어서 주었습니다. 그러자 원숭이는 기분이 좋아졌는지 만족스러운 표정으로 초콜릿을 먹었습니다.

초콜릿을 6조각 으로 나눈 것 중 2개를 줄게.

2개…… 우끼? 냠냠쩝쩝!

주어진 분수에 맞게 색칠해 보고, 원숭이가 실제로 점심 때 아침보다 더 많은 초콜릿을 먹는지 알아보시오. **같은 양의 초콜릿을 먹습니다.**

다음 분수 막대를 보고 크기가 같은 분수를 찾아 빈칸을 알맞게 채워 보시오.

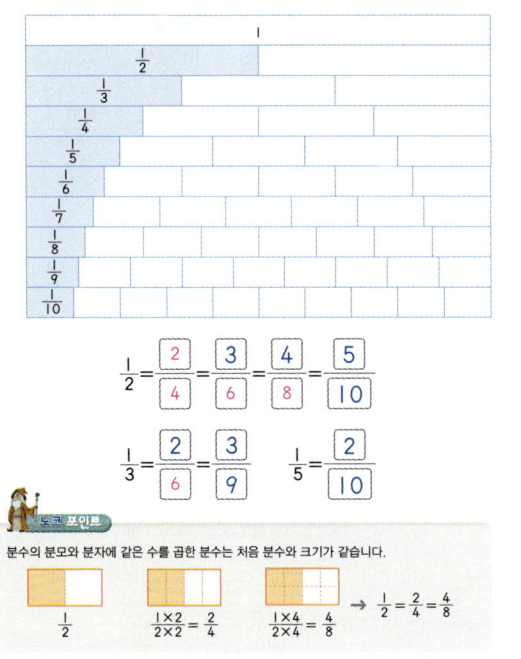

$\dfrac{1}{2} = \dfrac{2}{4} = \dfrac{3}{6} = \dfrac{4}{8} = \dfrac{5}{10}$

$\dfrac{1}{3} = \dfrac{2}{6} = \dfrac{3}{9}$ $\dfrac{1}{5} = \dfrac{2}{10}$

노코 포인트

분수의 분모와 분자에 같은 수를 곱한 분수는 처음 분수와 크기가 같습니다.

$\dfrac{1}{2}$ $\dfrac{1\times2}{2\times2}=\dfrac{2}{4}$ $\dfrac{1\times4}{2\times4}=\dfrac{4}{8}$ $\Rightarrow$ $\dfrac{1}{2}=\dfrac{2}{4}=\dfrac{4}{8}$

분수 회오리

바깥쪽 원에 있는 수를 분모, 안쪽 원에 있는 수를 분자로 하여 크기가 같은 분수를 선을 그어 나타내어 봅시다.

❶ 바깥쪽 원에 있는 분모는 2칸씩 뛰고, 안쪽 원에 있는 분자는 1칸씩 뛰어서 이었습니다. 분수 회오리를 완성하고, 크기가 같은 분수를 찾아 빈칸에 알맞은 수를 써넣으시오.

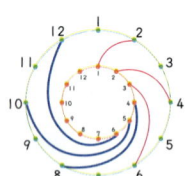

$\dfrac{1}{2} = \dfrac{2}{4} = \dfrac{3}{6}$
$= \dfrac{4}{8} = \dfrac{5}{10} = \dfrac{6}{12}$

❷ 분수의 분모와 분자에 2, 3, 4를 곱하면 크기가 같은 분수를 만들 수 있습니다. 분수 회오리를 완성하고, 크기가 같은 분수를 찾아 빈칸에 알맞은 수를 써넣으시오.

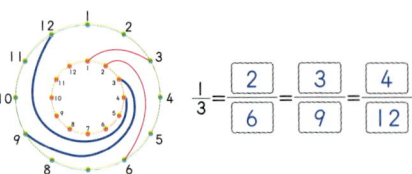

$\dfrac{1}{3} = \dfrac{2}{6} = \dfrac{3}{9} = \dfrac{4}{12}$

[같은 분수 만들기]

1 위쪽 직선에 있는 수를 분자, 아래쪽 직선에 있는 수를 분모로 하는 분수 중 주어진 분수와 크기가 같은 분수를 선을 그어 나타내어 보시오.

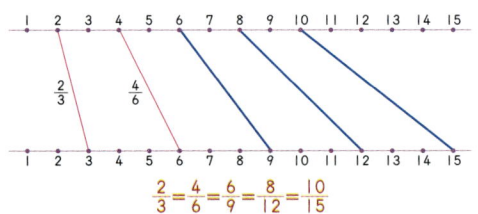

$\dfrac{2}{3} = \dfrac{4}{6} = \dfrac{6}{9} = \dfrac{8}{12} = \dfrac{10}{15}$

[크기가 같은 카드 분수]

2 수 카드 5장 중 4장을 골라 한 번씩 사용하여 크기가 같은 분수를 만들어 보시오.

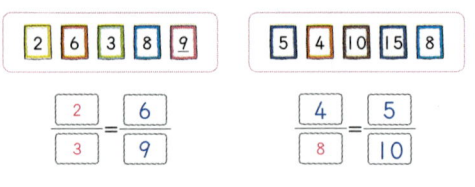

2 6 3 8 9   5 4 10 15 8

$\dfrac{2}{3} = \dfrac{6}{9}$ $\dfrac{4}{8} = \dfrac{5}{10}$

정답 및 해설 **7**

조건에 맞는 분수

36·37

$\dfrac{5}{6}$ 와 크기가 같은 분수 중 분모와 분자의 합이 99인 분수를 찾아봅시다.

$\dfrac{5}{6}$ 와 크기가 같은 분수는 분모와 분자에 각각 같은 수를 곱해야 해.
$\dfrac{5\times2}{6\times2}=\dfrac{10}{12}$, $\dfrac{5\times3}{6\times3}=\dfrac{15}{18}$, ……

$\dfrac{10}{12}$ 일 때 분모와 분자의 합은 10+12=22
$\dfrac{15}{18}$ 일 때 분모와 분자의 합은 15+18=33

❶ 분모와 분자에 1씩 커지는 수를 곱하여 크기가 같은 분수를 알아보려고 합니다. 다음 표를 완성하시오.

분모와 분자에 곱한 수	1	2	3	4	5
크기가 같은 분수	$\dfrac{5}{6}$	$\dfrac{10}{12}$	$\dfrac{15}{18}$	$\dfrac{20}{24}$	$\dfrac{25}{30}$
분모와 분자의 합	11	22	33	44	55

❷ 분모와 분자에 곱하는 수가 1씩 커질수록 분모와 분자의 합은 몇씩 커집니까?
11

❸ 분모와 분자의 합이 99가 되려면 분모와 분자에 각각 얼마를 곱해야 합니까?
9

❹ 조건에 맞는 분수를 구하시오. $\dfrac{45}{54}$ $\dfrac{5\times9}{6\times9}=\dfrac{45}{54}$

36 C1 수

[분모와 분자의 차]

1 $\dfrac{3}{5}$ 과 크기가 같은 분수 중 분모와 분자의 차가 24인 분수를 구하시오. $\dfrac{36}{60}$

$\dfrac{3}{5}$ 의 분모와 분자에 2, 3, 4, ……를 곱하여 크기가 같은 분수를 알아보면
$\dfrac{3}{5}$, $\dfrac{6}{10}$, $\dfrac{9}{15}$, $\dfrac{12}{20}$ ……입니다.
분모와 분자에 곱하는 수가 1씩 커질수록 분모와 분자의 차는 2씩 커집니다.
따라서 분모와 분자의 차가 24가 되려면 분모와 분자에 24÷2=12를 곱해야 하므로 조건에 맞는 분수는 $\dfrac{3\times12}{5\times12}=\dfrac{36}{60}$입니다.

분모와 분자에 2, 3, 4, ……를 곱할 때 분모와 분자의 차는 얼마씩 커지는지 알아봐.

[크기가 같은 분수 규칙]

2 다음은 크기가 같은 분수를 규칙에 따라 늘어놓은 것입니다. 분모와 분자의 합이 98인 분수는 몇 번째 분수입니까? 14번째

$\dfrac{3}{4}$, $\dfrac{6}{8}$, $\dfrac{9}{12}$, $\dfrac{12}{16}$, $\dfrac{15}{20}$, $\dfrac{18}{24}$, $\dfrac{21}{28}$, ……

분수의 분모와 분자의 합은 7, 14, 21, 28, ……과 같이 7씩 커지므로 분모와 분자의 합이 98인 분수는 98÷7=14(번째) 분수입니다.

분모와 분자의 합이 몇씩 커질까?

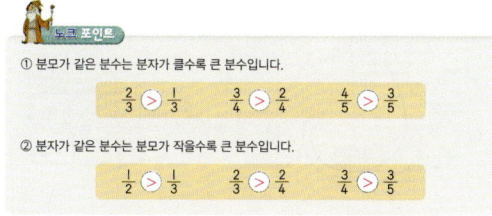

Chapter 2 분수의 크기 37

---

5 분수의 크기 비교1

38·39

아인, 지오, 태경이가 과녁에 다트를 던져서 자신의 이름이 적힌 부분을 맞히면 이기는 게임을 합니다. 다트 과녁은 다음과 같은 두 종류가 있습니다.

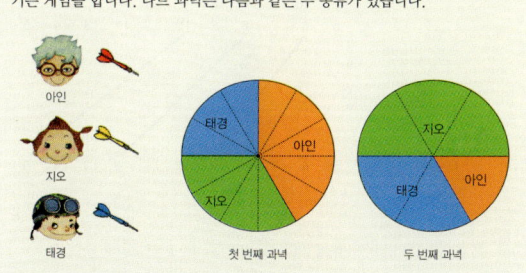

과녁 전체의 크기를 1이라고 할 때, 첫 번째 과녁에서 각 부분의 크기를 분모가 12인 분수로 나타내어 보시오. 첫 번째 다트 게임에서 누가 가장 유리합니까? 아인

아인: $\dfrac{5}{12}$ 지오: $\dfrac{4}{12}$ 태경: $\dfrac{3}{12}$

두 번째 과녁에서 각 부분의 크기를 분자가 1인 분수로 나타내어 보시오. 두 번째 다트 게임에서 누가 가장 유리합니까? 지오

아인: $\dfrac{1}{6}$ 지오: $\dfrac{1}{2}$ 태경: $\dfrac{1}{3}$

38 C1 수

⚫ 주어진 분수만큼 색칠하고 알맞은 말에 ○표 하시오.

$\dfrac{1}{6}$ $\dfrac{2}{6}$ $\dfrac{3}{6}$ $\dfrac{4}{6}$ $\dfrac{5}{6}$

분모가 같은 분수는 분자가 (클수록, 작을수록) 큰 분수입니다.

$\dfrac{1}{2}$ $\dfrac{1}{3}$ $\dfrac{1}{4}$ $\dfrac{1}{5}$ $\dfrac{1}{6}$

분자가 같은 분수는 분모가 (클수록, 작을수록) 큰 분수입니다.

돋보기 포인트

① 분모가 같은 분수는 분자가 클수록 큰 분수입니다.

$\dfrac{2}{4} > \dfrac{1}{4}$ $\dfrac{3}{4} > \dfrac{2}{4}$ $\dfrac{4}{5} > \dfrac{3}{5}$

② 분자가 같은 분수는 분모가 작을수록 큰 분수입니다.

$\dfrac{1}{2} > \dfrac{1}{3}$ $\dfrac{2}{3} > \dfrac{2}{4}$ $\dfrac{3}{4} > \dfrac{3}{5}$

Chapter 2 분수의 크기 39

🐻 분자 비교, 분모 비교

다음 분수의 크기를 비교하여 큰 수부터 차례로 써 봅시다.

$$\frac{4}{6} \quad \frac{2}{7} \quad \frac{3}{6} \quad \frac{2}{6} \quad \frac{4}{5}$$

❶ 분모가 같은 분수는 분자가 클수록 큰 수입니다. 분모가 6인 분수를 찾아 큰 수부터 차례로 써넣으시오.

$$\frac{4}{6} > \frac{3}{6} > \frac{2}{6}$$

❷ 분자가 같은 분수는 분모가 작을수록 큰 수입니다. 분자가 4인 분수를 찾아 큰 수부터 차례로 써넣으시오.

$$\frac{4}{5} > \frac{4}{6}$$

❸ 분자가 2인 분수를 찾아 큰 수부터 차례로 써넣으시오.

$$\frac{2}{6} > \frac{2}{7}$$

❹ 분수의 크기를 비교하여 큰 수부터 차례로 써넣으시오.

$$\frac{4}{5} > \frac{4}{6} > \frac{3}{6} > \frac{2}{6} > \frac{2}{7}$$

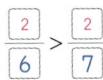

'가>나'이고, '나>다' 이면 '가>다'가 되지.

[가장 큰 분수, 가장 작은 분수]

1 다음 분수 중 가장 큰 수에 ○표, 가장 작은 수에 △표 하시오.

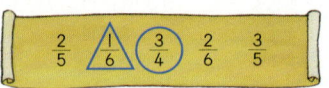

분모가 같은 것끼리 비교하고, 분자가 같은 것끼리 비교해서 크기 순서를 찾아봐.

① $\frac{3}{5} > \frac{2}{5}$

② $\frac{2}{6} > \frac{1}{6}$

③ $\frac{2}{5} > \frac{2}{6}$

④ $\frac{3}{4} > \frac{3}{5}$

따라서 $\frac{3}{4} > \frac{3}{5} > \frac{2}{5} > \frac{2}{6} > \frac{1}{6}$ 입니다.

[동물 경주]

2 여우, 토끼, 사슴, 거북이 경주를 합니다. 네 동물이 동시에 출발하고 10분 동안 여우는 전체의 $\frac{5}{12}$ 만큼, 토끼는 $\frac{7}{10}$ 만큼, 사슴은 $\frac{7}{12}$ 만큼, 거북은 $\frac{5}{14}$ 만큼 갔습니다. 네 동물 중 세 번째로 달리고 있는 동물은 무엇입니까? 여우

네 동물이 전체에 대하여 달린 거리를 비교해 보면

$\frac{7}{10} > \frac{7}{12} > \frac{5}{12} > \frac{5}{14}$ 이므로

토끼, 사슴, 여우, 거북 순으로 많이 달렸습니다.

따라서 세 번째로 달리고 있는 동물은 여우입니다.

🦊 규칙 찾아 비교하기

다음 분수의 크기를 비교해 봅시다.

$$\frac{3}{4} \bigcirc \frac{2}{3} \qquad \frac{6}{7} \bigcirc \frac{8}{9} \qquad \frac{11}{12} \bigcirc \frac{9}{10}$$

❶ 다음은 위 분수와 같은 특징을 가진 분수를 모아놓은 것입니다. 이 분수들의 공통된 특징을 찾아 설명하시오.

분모와 분자의 합이나 차에서 일정한 규칙을 찾아봐.

예 분모가 분자보다 1 큽니다.

$$\frac{2}{3} \quad \frac{3}{4} \quad \frac{4}{5} \quad \frac{5}{6} \quad \frac{6}{7} \quad \frac{7}{8} \quad \frac{8}{9} \quad \frac{9}{10} \quad \frac{10}{11} \quad \frac{11}{12}$$

❷ 주어진 분수만큼 색칠하고, 위와 같은 분수의 분모, 분자가 커질수록 분수의 크기는 어떻게 되는지 설명해 보시오.

분수의 분모, 분자가 커질수록 분수의 크기가 커집니다.

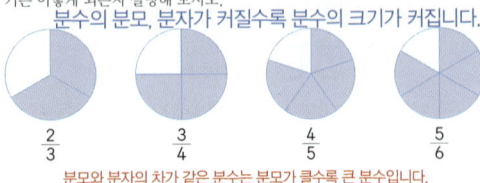

$$\frac{2}{3} \qquad \frac{3}{4} \qquad \frac{4}{5} \qquad \frac{5}{6}$$

분모와 분자의 차가 같은 분수는 분모가 클수록 큰 분수입니다.

❸ 분수의 크기를 비교하여 ○ 안에 >, <를 알맞게 써넣으시오.

$$\frac{3}{4} \bigcirc > \frac{2}{3} \qquad \frac{6}{7} \bigcirc < \frac{8}{9} \qquad \frac{11}{12} \bigcirc > \frac{9}{10}$$

[크기 순서대로 나열하기]

1 다음 분수를 큰 수부터 차례로 써넣으시오.

$$\frac{7}{9} \quad \frac{3}{5} \quad \frac{1}{3} \quad \frac{4}{6} \quad \frac{6}{8}$$

$$\frac{7}{9} > \frac{6}{8} > \frac{4}{6} > \frac{3}{5} > \frac{1}{3}$$

주어진 분수는 모두 분모, 분자의 차가 2인 분수입니다.

차가 같은 분수는 분모, 분자가 클수록 큰 분수이므로

$\frac{7}{9} > \frac{6}{8} > \frac{4}{6} > \frac{3}{5} > \frac{1}{3}$ 입니다.

[조건에 맞는 분수 찾기]

2 조건에 맞는 분수를 모두 찾아보시오.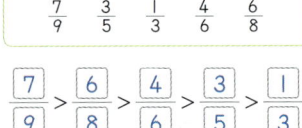

조건

· 분모가 분자보다 1 큰 분수입니다.

· $\frac{6}{7}$ 보다 작은 분수입니다.

분모와 분자의 차가 같은 분수는 분모가 클수록 큰 분수니? 분모가 작을수록 큰 분수니?

분모가 분자보다 1 큰 분수는 분모와 분자가 클수록 큰 수입니다.

따라서 $\frac{6}{7}$ 보다 작은 분수는 $\frac{1}{2}, \frac{2}{3}, \frac{3}{4}, \frac{4}{5}, \frac{5}{6}$ 입니다.

정답 및 해설 **9**

6 분수의 크기 비교2

태경이는 분수의 크기 비교에 자신이 생겼습니다.

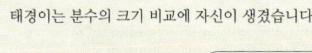

분모가 같은 분수, 분자가 같은 분수, 분모와 분자의 차가 같은 분수로 구분하여 비교하면 돼.

태경아, 그럼 $\frac{5}{8}$와 $\frac{3}{7}$ 중 어느 분수가 크니?

장난 요괴! 그 문제는 5학년 때 분수의 통분을 배워야 풀 수 있어. 장난치지 마.

태경 · 장난 요괴 · 삼촌

아인이는 분수의 통분을 배우지 않아도 풀 수 있다고 합니다.

$\frac{1}{2}$과 비교하면 돼. $\frac{5}{8}$는 $\frac{1}{2}$보다 크고, $\frac{3}{7}$은 $\frac{1}{2}$보다 작아. 그러니까 $\frac{5}{8}$는 $\frac{3}{7}$보다 커.

$$\frac{5}{8} > \frac{4}{8}\left(=\frac{1}{2}\right)$$
$$\frac{3}{7} < \frac{3}{6}\left(=\frac{1}{2}\right)$$
$$\rightarrow \frac{5}{8} > \frac{3}{7}$$

아인이가 제법이구나. 하나를 가르치면 열을 아는구나.

아인 · 멀린

분수를 $\frac{1}{2}$과 비교한 것입니다. ○ 안에 >, <를 알맞게 써넣으시오.

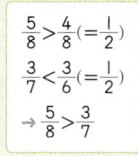

$\frac{4}{9}$ < $\frac{1}{2}\left(=\frac{4}{8}\right)$ $\frac{7}{8}$ > $\frac{1}{2}\left(=\frac{4}{8}\right)$

$\frac{7}{10}$ > $\frac{1}{2}\left(=\frac{5}{10}\right)$ $\frac{5}{11}$ < $\frac{1}{2}\left(=\frac{5}{10}\right)$

분모가 분자의 2배보다 크면 $\frac{1}{2}$보다 작지.

🟢 오른쪽 분수와 크기가 같은 분수 중 왼쪽 분수와 분자나 분모가 같은 분수를 찾아 ○표 하고, 분수의 크기를 비교하여 ○ 안에 >, <를 알맞게 써넣으시오.

$\frac{3}{8}$ < $\frac{1}{2}$ $\frac{2}{4}$ ④$\frac{4}{8}$ $\frac{5}{10}$ $\frac{6}{12}$

$\frac{10}{17}$ < $\frac{2}{3}$ $\frac{4}{6}$ $\frac{6}{9}$ $\frac{8}{12}$ ⑩$\frac{10}{15}$

$\frac{3}{10}$ > $\frac{1}{4}$ $\frac{2}{8}$ ③$\frac{3}{12}$ $\frac{4}{16}$ $\frac{5}{20}$

크기가 같은 분수 중 분모 또는 분자가 같은 것을 찾아.

토크 포인트

① 분모가 다른 두 분수의 크기를 비교할 때는 크기가 같은 분수를 이용합니다.

$$\frac{3}{4} > \frac{1}{2}\left(=\frac{2}{4}\right) \qquad \frac{3}{5} > \frac{1}{3}\left(=\frac{3}{6}\right)$$

② $\frac{1}{2}$보다 큰 분수는 $\frac{1}{2}$보다 작은 분수보다 더 큽니다.

$$\frac{5}{8} > \frac{1}{2}, \frac{1}{2} > \frac{1}{3} \rightarrow \frac{5}{8} > \frac{1}{3}$$

절반 비교 전략

다음 분수의 크기를 비교하여 큰 수부터 차례로 써 봅시다.

$$\frac{1}{2} \qquad \frac{6}{13} \qquad \frac{5}{9}$$

❶ 다음은 $\frac{1}{2}$과 크기가 같은 분수입니다. 이 분수들의 분자와 분모 사이의 관계를 설명하시오. **분모가 분자의 2배입니다.**

$$\frac{1}{2} \quad \frac{2}{4} \quad \frac{3}{6} \quad \frac{4}{8} \quad \frac{5}{10} \quad \frac{6}{12}$$

❷ $\frac{1}{2}$보다 작은 분수와 $\frac{1}{2}$보다 큰 분수로 분류한 것입니다. 분자의 2배와 분모의 크기를 비교하여 ○ 안에 >, <를 알맞게 써넣으시오.

① $\frac{1}{2}$보다 작은 분수

$$\frac{1}{3} \quad \frac{1}{4} \quad \frac{1}{5} \quad \frac{2}{5} \quad \frac{2}{6}$$

(분자의 2배) < (분모)

② $\frac{1}{2}$보다 큰 분수

$$\frac{2}{3} \quad \frac{3}{4} \quad \frac{3}{5} \quad \frac{4}{5} \quad \frac{5}{6}$$

(분자의 2배) > (분모)

❸ 분수의 크기를 비교하여 큰 수부터 차례로 써넣으시오.

$$\frac{5}{9} > \frac{1}{2} > \frac{6}{13}$$

$\frac{5}{9}$는 5×2>9이므로 $\frac{1}{2}$보다 크고, $\frac{6}{13}$은 6×2<13이므로 $\frac{1}{2}$보다 작습니다.

[절반으로 비교하기]

1 다음 분수의 크기를 비교하여 ○ 안에 >, <를 알맞게 써넣으시오.

$$\frac{3}{5} > \frac{4}{9} \qquad \frac{5}{11} < \frac{10}{19}$$

① $\frac{3}{5}$은 3×2>5이므로 $\frac{1}{2}$보다 크고,

$\frac{4}{9}$는 4×2<9이므로 $\frac{1}{2}$보다 작습니다.

따라서 $\frac{3}{5} > \frac{4}{9}$입니다.

$\frac{1}{2}$보다 큰 분수와 $\frac{1}{2}$보다 작은 분수로 나누어 봐.

② $\frac{5}{11}$는 5×2<11이므로 $\frac{1}{2}$보다 작고,

$\frac{10}{19}$은 10×2>19이므로 $\frac{1}{2}$보다 큽니다.

따라서 $\frac{5}{11} < \frac{10}{19}$입니다.

[절반보다 작은 분수 만들기]

2 다음 숫자 카드 5장 중 2장을 골라 한 번씩 사용하여 만들 수 있는 분수 중 $\frac{1}{2}$보다 작은 분수는 모두 몇 개입니까? **6개**

⎹ 1 ⎹ 3 ⎹ 5 ⎹ 7 ⎹ 9 ⎹

$\frac{1}{2}$보다 작은 분수는 분모가 분자의 2배보다 큽니다.

$\frac{1}{2}$보다 작은 분수는 (분자의 2배)<(분모)입니다.
이와 같은 분수를 모두 찾아보면

① 분모가 3 : $\frac{1}{3}$ ② 분모가 5 : $\frac{1}{5}$

③ 분모가 7 : $\frac{1}{7}, \frac{3}{7}$ ④ 분모가 9 : $\frac{1}{9}, \frac{3}{9}$

따라서 모두 6개입니다.

같은 분수 비교

다음 숫자 카드 5장 중 2장을 골라 한 번씩 사용하여 만들 수 있는 분수 중 $\frac{1}{3}$보다 작은 분수를 모두 찾아봅시다.

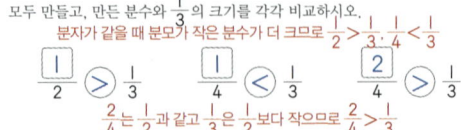

❶ 분모가 분자보다 큰 분수를 진분수라고 합니다. 분모가 2 또는 4인 진분수를 모두 만들고, 만든 분수와 $\frac{1}{3}$의 크기를 각각 비교하시오.

분자가 같을 때 분모가 작은 분수가 더 크므로 $\frac{1}{2} > \frac{1}{3}$, $\frac{1}{4} < \frac{1}{3}$

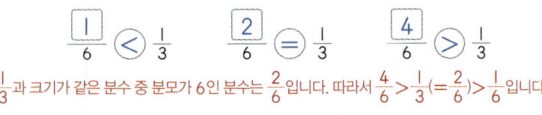

$\frac{2}{4}$는 $\frac{1}{2}$과 같고 $\frac{1}{4}$은 $\frac{1}{2}$보다 작으므로 $\frac{2}{4} > \frac{1}{3}$

❷ 분모가 6인 진분수를 모두 만들고, 만든 분수와 $\frac{1}{3}$의 크기를 각각 비교하시오.

$\frac{1}{6} < \frac{1}{3}$ $\frac{2}{6} = \frac{1}{3}$ $\frac{4}{6} > \frac{1}{3}$

$\frac{1}{3}$과 크기가 같은 분수 중 분모가 6인 분수는 $\frac{2}{6}$입니다. 따라서 $\frac{4}{6} > \frac{1}{3}(=\frac{2}{6}) > \frac{1}{6}$입니다.

❸ 분모가 9인 진분수를 모두 만들고, 만든 분수와 $\frac{1}{3}$의 크기를 각각 비교하시오.

$\frac{1}{3}$과 크기가 같은 분수 중, 분모가 9인 분수는 $\frac{3}{9}$입니다.

$\frac{1}{9} < \frac{1}{3}$ $\frac{2}{9} < \frac{1}{3}$ $\frac{4}{9} > \frac{1}{3}$ $\frac{6}{9} > \frac{1}{3}$

따라서 $\frac{6}{9} > \frac{4}{9} > \frac{1}{3}(=\frac{3}{9}) > \frac{2}{9} > \frac{1}{9}$입니다.

❹ 조건에 맞는 분수를 모두 찾아 쓰시오. $\frac{1}{4}, \frac{1}{6}, \frac{1}{9}, \frac{2}{9}$

---

1 다음 분수를 큰 수부터 차례로 써넣으시오.

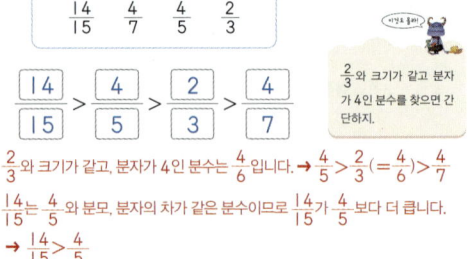

$\frac{14}{15} > \frac{4}{5} > \frac{2}{3} > \frac{4}{7}$

$\frac{2}{3}$와 크기가 같고 분자가 4인 분수를 찾으면 간단하지.

$\frac{2}{3}$와 크기가 같고, 분자가 4인 분수는 $\frac{4}{6}$입니다. → $\frac{4}{5} > \frac{2}{3}(=\frac{4}{6}) > \frac{4}{7}$

$\frac{14}{15}$는 $\frac{4}{5}$와 분모, 분자의 차가 같은 분수이므로 $\frac{14}{15}$가 $\frac{4}{5}$보다 더 큽니다.

→ $\frac{14}{15} > \frac{4}{5}$

[조건에 맞는 분수의 개수]

2 다음 숫자 카드 4장 중 2장을 골라 한 번씩 사용하여 만들 수 있는 분수 중 다음 조건에 맞는 분수를 쓰시오. $\frac{3}{4}$

$\frac{2}{3} < \frac{\square}{\square} < \frac{4}{5}$

만들 수 있는 진분수는 다음과 같이 6개입니다.

$\frac{2}{3}, \frac{2}{4}, \frac{4}{5}, \frac{3}{5}, \frac{3}{4}, \frac{4}{5}$

이 중 $\frac{2}{3}$보다 작거나 같은 분수는 $\frac{2}{3}, \frac{2}{4}, \frac{2}{5}, \frac{3}{5}$입니다.

$\frac{4}{5}$보다 크거나 같은 분수는 $\frac{4}{5}$입니다.

따라서 조건에 맞는 분수는 $\frac{3}{4}$입니다.

창의적 문제해결력

1 숫자 카드 5장을 한 번씩 모두 사용하여 $\frac{1}{3}$과 크기가 같은 분수 2개를 만들어 보시오.

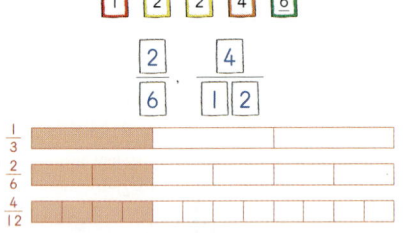

$\frac{2}{6}$ $\frac{4}{12}$

2 1부터 9까지의 숫자 카드를 한 번씩 모두 사용하여 크기가 같은 분수 3개를 만들었습니다. 빈칸에 알맞은 수를 써넣으시오.

$\frac{3}{6} = \frac{9}{18} = \frac{27}{54}$

남은 숫자 카드가 1, 3, 6, 8, 9이군.

$\frac{27}{54}$은 $27 \times 2 = 54$이므로 $\frac{1}{2}$과 크기가 같습니다. 남은 숫자 카드를 사용하여 $\frac{1}{2}$과 크기가 같은 분수 2개를 만듭니다.

---

3 피자를 초이는 $\frac{4}{8}$판, 아인이는 $\frac{4}{7}$판, 태경이는 $\frac{5}{7}$판, 지오는 $\frac{3}{8}$판 먹었습니다. 네 사람 중 피자를 두 번째로 많이 먹은 사람은 누구입니까? 아인

초이   아인   태경   지오

① $\frac{5}{7} > \frac{4}{7}$ ② $\frac{4}{8} > \frac{3}{8}$ ③ $\frac{4}{7} > \frac{4}{8}$

따라서 $\frac{5}{7} > \frac{4}{7} > \frac{4}{8} > \frac{3}{8}$이므로 피자를 두 번째로 많이 먹은 사람은 아인이 입니다.

4 다음 분수를 큰 수부터 차례로 써넣으시오.

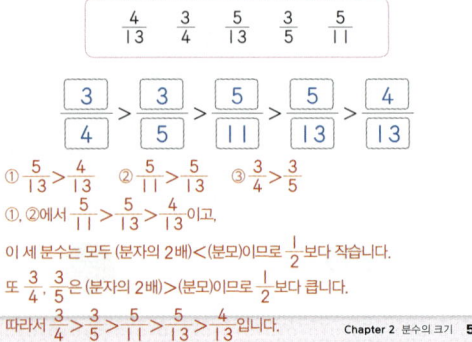

$\frac{3}{4} > \frac{3}{5} > \frac{5}{11} > \frac{5}{13} > \frac{4}{13}$

① $\frac{5}{13} > \frac{4}{13}$ ② $\frac{5}{11} > \frac{5}{13}$ ③ $\frac{3}{4} > \frac{3}{5}$

①, ②에서 $\frac{5}{11} > \frac{5}{13} > \frac{4}{13}$이고,

이 세 분수는 모두 (분자의 2배)<(분모)이므로 $\frac{1}{2}$보다 작습니다.

또 $\frac{3}{4}, \frac{3}{5}$은 (분자의 2배)>(분모)이므로 $\frac{1}{2}$보다 큽니다.

따라서 $\frac{3}{4} > \frac{3}{5} > \frac{5}{11} > \frac{5}{13} > \frac{4}{13}$입니다.

7 고대의 수

로제타석(Rosetta Stone)은 가로 72 cm, 세로 114 cm, 두께 28 cm인 돌로 만들어진 비석으로 1799년 이집트 북부의 작은 마을 로제타에서 당시 이집트를 원정 중이던 나폴레옹 군에 의해 발견되었습니다.

로제타석에는 같은 내용의 글이 이집트 상형문자, 데모틱 민중문자, 그리스 문자의 세 가지 언어로 적혀 있었습니다. 로제타석이 발견되자 많은 학자들이 이집트 상형문자를 해독하기 시작했습니다.

나는 어떤 상형문자가 파라오의 이름을 뜻하는지 알게 되었지. 하지만 그 이상은 몰라.

상형문자 해독은 나같은 언어의 천재가 아니면 힘든 일이지.

토마스 영

장 프랑수아 상폴리옹

최초로 이집트 상형문자의 일부를 해독한 사람은 영국의 토마스 영이었고, '언어의 천재'라 불린 프랑스의 언어학자 장 프랑수아 상폴리옹이 1822년 로제타석의 글을 완전히 해독하는 데 성공하였습니다.

○ 이집트 수를 현대의 아라비아 수로 나타낸 표를 보고 빈 곳에 알맞은 이집트 수를 써넣으시오.

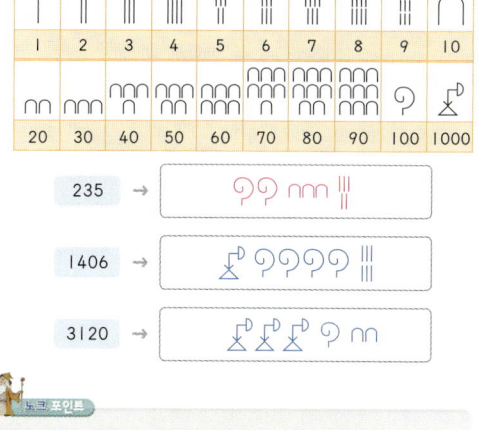

		||	|||	||||	|||||	...			∩
1	2	3	4	5	6	7	8	9	10
∩∩	∩∩∩	...	...	...	...	...	...	?	𝄃
20	30	40	50	60	70	80	90	100	1000

235 →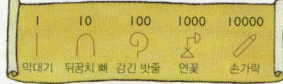

1406 →

3120 →

로제타석에는 고대 이집트에서 사용한 수가 상형문자로 적혀 있었습니다. 이집트 수에는 1, 10, 100, 1000, 10000과 같이 10배씩 커지는 숫자 기호가 있었고, 이 기호들을 반복하여 쓰는 방법으로 몇십, 몇백, 몇천을 나타냈습니다.

1	10	100	1000	10000
막대기	뒤꿈치 뼈	감긴 밧줄	연꽃	손가락

🗡 고대 수 카드

다음은 고대 로마 수를 아라비아 수로 나타낸 표입니다. 고대 로마 수를 아라비아 수로 나타내어 봅시다.

I	II	III	IV	V	VI	VII	VIII	IX	X
1	2	3	4	5	6	7	8	9	10
XI	XII	XIV	XV	XX	XL	L	XC	C	D
11	12	14	15	20	40	50	90	100	500

❶ 고대 로마 수는 자리값이 없고 나타내는 수를 더해서 수를 표시하였습니다.
☐ 안에 알맞은 아라비아 수를 써넣으시오.

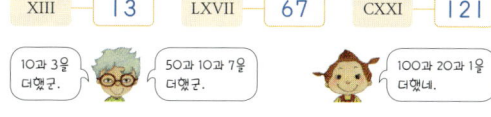

XIII 13   LXVII 67   CXXI 121

10과 3을 더했군.

50과 10과 7을 더했군.

100과 20과 1을 더했네.

❷ 작은 수가 왼쪽에 있으면 큰 수에서 작은 수를 빼서 나타냅니다. ☐ 안에 알맞은 아라비아 수를 써넣으시오.

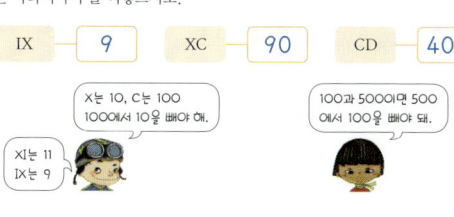

IX 9   XC 90   CD 400

X는 10, C는 100
1000에서 10을 빼야 해.

100과 500이면 500에서 100을 빼면 돼.

XI는 11
IX는 9

[이집트 숫자 카드]

1 다음과 같은 이집트 숫자 카드가 여러 장씩 있습니다. 이 카드를 사용하여 주어진 아라비아 수를 이집트 수로 나타낼 때, 가장 많이 사용한 카드에 ○표 하시오.

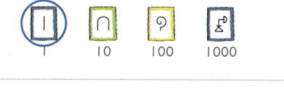

8000	1234	3612	2009

아라비아 수를 이집트 수로 나타낼 때 필요한 이집트 숫자의 개수는 아라비아 수의 각 자리 숫자의 합과 같습니다. 따라서 가장 많이 필요한 카드는 | 입니다.

| : 4+2+9=15(장)　∩ : 3+1=4(장)
? : 2+6=8(장)　𝄃 : 8+1+3+2=14(장)

2 다음 로마 수의 크기를 비교하여 큰 순서대로 아라비아 수로 바꾸어 써넣으시오.

숫자가 길다고 수도 당연히 크다고 생각하는 건 아니지?

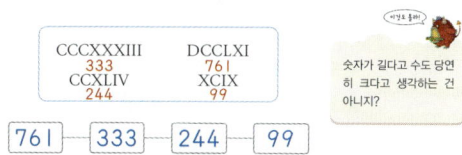

| CCCXXXIII 333 | DCCLXI 761 |
| CCXLIV 244 | XCIX 99 |

761 — 333 — 244 — 99

🐢 자릿값 고대 수

58
59

고대 잉카 문명에서는 끈을 매듭으로 묶어서 수를 나타내는 '키푸'라는 방법이 있었습니다.

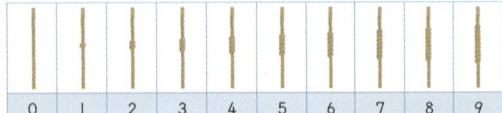

| 0 | 1 | 2 | 3 | 4 | 5 | 6 | 7 | 8 | 9 |

키푸는 위에 있는 매듭이 더 큰 자리를 나타냅니다. 키푸로 나타낸 여러 자리 수를 보고, ☐ 안에 알맞은 수를 써넣으시오.

| 23 | 104 | 2153 | 3542 |

❶ 키푸를 옆으로 눕힌 그림을 보고 ☐ 안에 알맞은 수를 써넣으시오.

2000 + 100 + 50 + 3 = 2153

❷ 키푸로 나타낸 수가 아라비아 수로 얼마인지 구하시오.

3000 + 500 + 40 + 2 = 3542

58 C1 수

[주판으로 나타낸 수]

1 주판에서 아래쪽 구슬이 1개씩 위로 올라갈 때마다 왼쪽부터 100, 10, 1이 커지고, 위쪽 구슬 1개가 아래로 내려가면 500, 50, 5가 커집니다. ☐ 안에 알맞은 수를 써넣으시오.

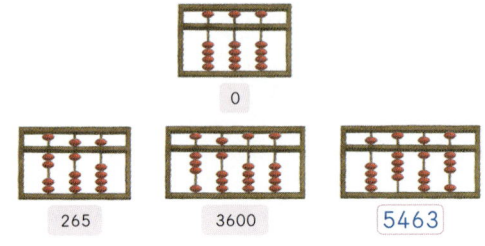

0

265 3600 5463

[니만의 수 체계]

2 아인이는 자신이 만든 숫자로 여러 가지 수를 나타내었습니다. 주어진 아라비아 수를 아인이의 수 체계로 나타내어 보시오.

아인이의 수 체계는 0부터 9까지의 숫자를 나타내는 기호가 있고, 기호의 위치에 따라 각 자릿값을 나타냅니다.

아인이의 숫자										
아라비아 숫자	0	1	2	3	4	5	6	7	8	9

0부터 9까지의 숫자를 각각 어떻게 나타내었는지 살펴봐.

Chapter 3 수와 숫자 59

8 조건과 수

60
61

아인이는 여러 가지 수 중에서 어떤 특징이 있는 수를 고른 다음, 자신의 이름을 붙여서 '아인 넘버'라고 하였습니다.

여러분! 제가 발견한 아인 넘버를 소개합니다.

| 2 | 7 | 33 | 99 |
| 404 | 555 | 1111 | 6886 |

아인 넘버에 대해 아인이는 다음과 같은 힌트를 줍니다. 아인 넘버는 어떤 특징을 가지고 있는지 생각해 봅시다.

한 자리 수는 모두 아인 넘버고, 앞으로 읽어도 뒤로 읽어도 똑같은 수도 모두 아인 넘버야.

다음 중 아인 넘버가 적힌 공을 모두 찾아 ◯표 하시오.

133 4774 5000 989
3456 888 609 3003

아인 엮는는 이쁜이, 심형식, 왕중왕, 오디오, 장바장, 기중기……

아인 넘버는 앞으로 읽어도 뒤로 읽어도 똑같은 수인 팰린드롬 수입니다.
주어진 수 중 팰린드롬 수는 4774, 989, 888, 3003입니다.

60 C1 수

다음은 네 자리 수를 세 모둠으로 분류한 것입니다. 각 모둠에 알맞은 수를 2개씩 더 찾아 쓰시오.

모둠 가	모둠 나	모둠 다
1234	1121	3210
2358	2335	5321
3579	3993	7652
2678	6441	8310
6789	8888	9876
2468	3322	5410
1478	4444	8765

이외에도 여러 가지 답이 있습니다.
가: (천의 자리)<(백의 자리)<(십의 자리)<(일의 자리)
나: 숫자가 똑같은 자리가 있는 수
다: (천의 자리)>(백의 자리)>(십의 자리)>(일의 자리)

노크 포인트 여러 가지 자릿수 조건에 맞는 네 자리 수를 찾을 수 있습니다.

① 같은 자릿수: 예 (천의 자리)=(일의 자리), (백의 자리)=(십의 자리)
3003 4554 9669 2222 7337

② 점점 커지거나 작아지는 자릿수: 예 (천의 자리)>(백의 자리)>(십의 자리)>(일의 자리)
8765 7650 4321 6543 9631

③ 자릿수의 합: 예 네 자릿수의 합이 15인 수
4821 7008 5505 1239 9051

Chapter 3 수와 숫자 61

정답 및 해설 **13**

🦕 네 자리 수 만들기

6000보다 작은 네 자리 수 중 천의 자리 숫자는 백의 자리 숫자보다 크고, 백의 자리 숫자는 십의 자리 숫자보다 크고, 십의 자리 숫자는 일의 자리 숫자보다 큰 수는 모두 몇 개인지 알아봅시다.

❶ 천의 자리 숫자가 3인 수 중 조건에 맞는 네 자리 수는 하나 밖에 없습니다. 그 수를 쓰시오.

3 2 1 0

❷ 천의 자리 숫자가 4인 네 자리 수 중 조건에 맞는 수를 모두 쓰시오.

4 3 2 1   4 3 2 0
4 3 1 0   4 2 1 0

❸ 천의 자리 숫자가 5인 네 자리 수 중 조건에 맞는 수는 모두 몇 개입니까? 10개

천의 자리 숫자가 5인 수는 5432, 5431, 5430, 5421, 5420, 5410, 5321, 5320, 5310, 5210으로 10개입니다.

> 천의 자리가 5인 네 자리 수 중 가장 큰 수는 5432이고, 가장 작은 수는 5210이야.

❹ 조건에 맞는 수는 모두 몇 개입니까? 15개
조건에 맞는 수는 모두 1+4+10=15(개)입니다.

62   C1 수

[조건에 맞는 수]

1 조건 에 맞는 네 자리 수는 모두 몇 개입니까? 5개

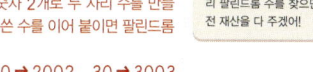

조건
• 8000보다 큰 네 자리 수입니다.
• 천의 자리 숫자는 백의 자리 숫자보다 크지 않습니다.
• 백의 자리 숫자는 십의 자리 숫자보다 크지 않습니다.
• 십의 자리 숫자는 일의 자리 숫자보다 크지 않습니다.

'크지 않다'는 것은 '작거나 같다'는 뜻입니다.
조건에 맞는 수 중
① 천의 자리 숫자가 8인 수: 8888, 8889, 8899, 8999
② 천의 자리 숫자가 9인 수: 9999
따라서 모두 4+1=5(개)입니다.

[숫자 카드로 만든 팰린드롬 수]

2 숫자 카드 8장 중 4장을 골라 한 번씩만 사용하여 만들 수 있는 네 자리 수 중 앞으로 읽어도 뒤로 읽어도 같은 팰린드롬 수는 모두 몇 개입니까? 9개

0 0 1 1 2 2 3 3

네 자리 팰린드롬 수는 천의 자리 숫자와 일의 자리 숫자가 같고, 백의 자리 숫자와 십의 자리 숫자가 같습니다.
따라서 서로 다른 숫자 2개로 두 자리 수를 만들고, 그 수를 거꾸로 쓴 수를 이어 붙이면 팰린드롬 수가 됩니다.

> 일의 자리 숫자가 0인 네 자리 팰린드롬 수를 찾으면 내 전 재산을 다 주겠어!

10→1001   20→2002   30→3003
12→1221   21→2112   31→3113
13→1331   23→2332   32→3223
따라서 만들 수 있는 팰린드롬 수는 모두 9개입니다.

Chapter 3 수와 숫자   63

🐛 조건에 맞는 수

1000보다 작은 수 중 각 자리 숫자의 합이 2인 수를 모두 찾으면 다음과 같습니다.

2   11   20   101   110   200

1부터 9999까지의 수 중 각 자리 숫자의 합이 4인 수는 모두 몇 개인지 알아봅시다.

❶ 각 자리 숫자의 합이 4인 한 자리 수와 두 자리 수를 모두 찾아보시오.
4, 13, 22, 31, 40

❷ 각 자리 숫자의 합이 4인 세 자리 수를 찾으려고 합니다. 세 숫자의 합이 4인 경우를 모두 찾아보시오. 단, 숫자의 순서는 생각하지 않습니다.

(0, 0, 4)   (0, 1, 3)
(1, 1, 2)   (0, 2, 2)

❸ ❷에서 찾은 각 경우마다 세 자리 수를 만들어 보고, 만들 수 있는 세 자리 수는 모두 몇 개인지 알아보시오. 10개
①(0, 0, 4)→400 ②(0, 1, 3)→103, 130, 301, 310
③(0, 2, 2)→202, 220 ④(1, 1, 2)→112, 121, 211
따라서 만들 수 있는 세 자리 수는 모두 10개입니다.

❹ 같은 방법으로 만들 수 있는 네 자리 수는 모두 몇 개입니까? 20개
네 숫자의 합이 4가 되는 경우는 (0, 0, 0, 4), (0, 0, 1, 3), (0, 0, 2, 2), (0, 1, 1, 2), (1, 1, 1, 1)입니다. 각 경우마다 네 자리 수를 만들어 봅니다.

❺ 조건에 맞는 수는 모두 몇 개입니까? 35개
조건에 맞는 수는 모두
5+10+20=35(개)입니다.

①(0, 0, 0, 4)→4000
②(0, 0, 1, 3)→1003, 1030, 1300, 3001, 3010, 3100
③(0, 0, 2, 2)→2002, 2020, 2200
④(0, 1, 1, 2)→1012, 1021, 1102, 1120, 1201, 1210, 2011, 2101, 2110
⑤(1, 1, 1, 1)→1111
따라서 만들 수 있는 네 자리 수는 모두 20개입니다.

64   C1 수

[조건에 맞는 수의 개수]

1 4000보다 작은 수 중 각 자리 숫자의 합이 3인 네 자리 수는 모두 몇 개입니까? 10개

> 네 숫자의 합이 3인 경우는 (0, 0, 0, 3), (0, 0, 1, 2), (0, 1, 1, 1)의 세 가지가 있단다.

(0, 0, 0, 3)→3000
(0, 0, 1, 2)→1002, 1020, 1200, 2001, 2010, 2100
(0, 1, 1, 1)→1011, 1101, 1110

[비밀번호 찾기]

2 초이가 금고의 비밀번호를 알 수 있는 힌트를 줍니다. 금고의 비밀번호는 몇 번입니까? 5200

> 금고의 비밀번호는 각 자리 숫자의 합이 7인 네 자리 수 중 다섯 번째로 큰 수야.

네 숫자의 합이 7인 네 자리 수 중 가장 큰 수는 7000입니다.
그 다음으로 큰 수는 천의 자리 숫자가 6인 네 자리 수 6100-6010-6001입니다.
따라서 숫자의 합이 7인 네 자리 수 중 다섯 번째로 큰 수는 천의 자리 숫자가 5인 네 자리 수 5200입니다.

Chapter 3 수와 숫자   65

---

14   C1 수

⑨ 수와 숫자의 개수

어느 날 대마왕은 평소 가장 마음에 들지 않았던 부하 요괴 셋을 불러놓고 명령을 내렸습니다.

여기 0부터 9까지 숫자를 찍을 수 있는 도장이 있다. 이 도장을 찍어서 1부터 100까지의 수를 종이 위에 순서대로 만들도록 해!

대마왕이 자리를 뜨자 부하 요괴들이 말했습니다.

아휴, 이걸 언제 다 찍지? 대마왕은 늘 우리에게 화풀이야.

멍하니 요괴

100까지는 100개니까 도장을 100번만 찍으면 되잖아?

거꾸로 요괴

그건 수의 개수고, 도장은 숫자의 개수만큼 찍어야지.

장난 요괴

부하 요괴들은 도장을 모두 몇 번 찍어야 합니까? **192번**

```
1 2 3 4 5 6 7 8 9 10 11 12 ……
```

① 한 자리 수의 숫자의 개수: 9개
② 두 자리 수의 숫자의 개수: 90×2=180(개)
③ 세 자리 수 100의 숫자의 개수: 3개
9+180+3=192(번)

🐾 수와 숫자의 개수에 맞도록 고른 수에 모두 ○표 하시오.

● 수 3개, 숫자 4개

⑧ 141 ④ 2451 ⑰ 339

● 수 3개, 숫자 5개

1515 30 ① 2708 ⑨⓪⑤ ⑨

● 수 3개, 숫자 7개

⑥②⑤ ⑨⑨ 5000 4774 ⑤⑦ 1357

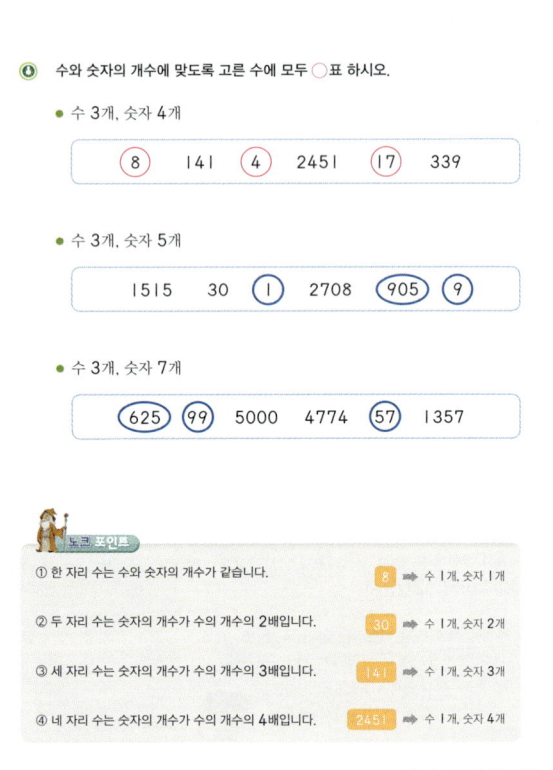

도전! 포인트

① 한 자리 수는 수와 숫자의 개수가 같습니다. 8 ➡ 수 1개, 숫자 1개

② 두 자리 수는 숫자의 개수가 수의 개수의 2배입니다. 30 ➡ 수 1개, 숫자 2개

③ 세 자리 수는 숫자의 개수가 수의 개수의 3배입니다. 141 ➡ 수 1개, 숫자 3개

④ 네 자리 수는 숫자의 개수가 수의 개수의 4배입니다. 2451 ➡ 수 1개, 숫자 4개

🐾 분류하여 세기

지오는 0부터 999까지의 수가 모두 들어 있는 커다란 수 배열표를 만들었습니다. 지오가 쓴 수와 숫자는 각각 몇 개인지 알아봅시다.

| 0 | 1 | 2 | 3 | 4 | 5 | 6 | 7 | 8 | 9 |
| 10 | 11 | 12 | 13 | 14 | 15 | 16 | 17 | 18 | 19 |

| 990 | 991 | 992 | 993 | 994 | 995 | 996 | 997 | 998 | 999 |

❶ 0부터 999까지 수는 모두 몇 개입니까? **1000개**

❷ 한 자리 수는 수와 숫자의 개수가 같습니다. 한 자리 수를 쓰는 데 사용한 숫자는 몇 개입니까? **10개**

❸ 두 자리 수는 숫자의 개수가 수의 개수의 2배입니다. 두 자리 수를 쓰는 데 사용한 숫자는 몇 개입니까? **180개**
수 90개, 숫자 90×2=180(개)

❹ 세 자리 수는 숫자의 개수가 수의 개수의 3배입니다. 세 자리 수를 쓰는 데 사용한 숫자는 몇 개입니까? **2700개**
수 900개, 숫자 900×3=2700(개)

❺ 지오가 쓴 숫자는 모두 몇 개입니까? **2890개**
숫자는 모두 10+180+2700=2890(개)입니다.

[1이 좋아]

1 숫자 1을 좋아하는 태경이는 11부터 연속으로 수 111개를 썼습니다. 태경이가 수를 쓰는 데 사용한 숫자는 모두 몇 개입니까? **244개**

11이 첫 번째 수, 12가 두 번째 수, 13이 세 번째 수이면 111째 수는?

```
11 12 13 14 15 16 17 18 ……
```

11이 첫 번째 수일 때 111번째 수는 11+110=121입니다.
① 11~99: 수 89개, 숫자 89×2=178(개)
② 100~121: 수 22개, 숫자 22×3=66(개)
따라서 숫자는 모두 178+66=244(개)입니다.

[숫자 카드로 만든 연속수]

2 숫자 카드로 다음과 같이 1부터 어떤 수까지 수를 연속으로 만들었더니 사용한 숫자 카드는 모두 219장이었습니다. 숫자 카드로 만든 마지막 수를 구하시오.
109

```
1 2 3 4 5 6 7 8 9 1 0 1 1 1 2 ……
```

한 자리 수를 만드는 데 9장,
두 자리 수를 만드는 데 90×2=180(장)
두 자리 수까지 만들고 남은 숫자 카드는 219-9-180=30(장)
30장으로 만들 수 있는 세 자리 수는 10개이므로
10번째 세 자리 수인 109까지 만들 수 있습니다.

🐗 카운팅 알고리즘

0부터 99까지의 수를 쓸 때 숫자 7은 모두 몇 번 쓰는지 알아봅시다.

❶ 다음과 같이 한 자리 수의 앞에 0을 하나 더 붙여서 두 숫자로 이루어진 수를 만들어 00부터 99까지 썼습니다.

00	01	02	03	04	05	06	07	08	09
10	11	12	13	14	15	16	17	18	19
20	21	22	23	24	25	26	27	28	29
30	31	32	33	34	35	36	37	38	39
40	41	42	43	44	45	46	47	48	49
50	51	52	53	54	55	56	57	58	59
60	61	62	63	64	65	66	67	68	69
70	71	72	73	74	75	76	77	78	79
80	81	82	83	84	85	86	87	88	89
90	91	92	93	94	95	96	97	98	99

두 숫자로 이루어진 수는 몇 개 있습니까? **100개**

❷ ❶과 같이 수를 쓸 때 수 1개마다 숫자가 2개씩 있습니다. 숫자는 모두 몇 개 있습니까? **200개**

❸ ❶과 같이 수를 쓸 때 0, 1, 2, 3, 4, 5, 6, 7, 8, 9는 모두 같은 개수만큼 씁니다. 숫자 7은 모두 몇 번 씁니까? **20번**

0부터 9까지 숫자 10개를 모두 같은 개수만큼 쓰므로 숫자 7은 20번 씁니다.

이 방식으로 숫자의 개수를 구하니 아주 간단하네.

[숫자 1의 개수]

1 1부터 100까지의 수를 쓸 때 숫자 1은 모두 몇 번 쓰게 됩니까? **21번**

1, 2, 3, 4, 5, 6, 7, 8, 9, 10, 11,……,99, 100

00부터 99까지 수의 개수: 100개
00부터 99까지 숫자의 개수: 200개
0부터 9까지 각 숫자가 같은 개수만큼 쓰므로
숫자 1은 20번 씁니다.
100에서 1을 한 번 더 썼으므로 숫자 1은
모두 21번 쓰게 됩니다.

00부터 99까지 숫자 1의 개수를 구해 봐.

[숫자 0의 개수]

2 다음과 같이 000부터 999까지 키보드로 입력했습니다. 숫자 0 키는 모두 몇 번 눌렀습니까? **300번**

000부터 999까지 수의 개수는 ?
000부터 999까지 숫자의 개수는 ?
똑같이 쓰였으므로 숫자 0의 개수는 ?

000부터 999까지 수는 1000개이고, 숫자는 1000×3=3000(개)입니다. 0부터 9까지 숫자 키 10개를 모두 같은 횟수만큼 눌렀으므로 숫자 0 키는 모두 300번 눌렀습니다.

🧒 창의적 문제해결력

1 다음과 같은 로마 숫자 카드가 각각 1장씩 있습니다. 이 카드를 모두 사용하여 만들 수 있는 가장 작은 수는 아라비아 수로 얼마입니까? **44**

I(1) V(5) X(10) L(50)

가장 작은 수는
X L I V 이고, 아라비아 수로 44입니다.

LX는 60이지만 XL은 40을 나타내지.

2 도어록에 조건에 맞는 수를 누르면 문이 열립니다. 도어록을 열 수 있는 수는 모두 몇 가지입니까? **3가지**

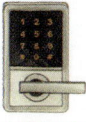

조건
· 5000보다 크고 6000보다 작은 수입니다.
· 앞으로 읽어도 뒤로 읽어도 같은 팰린드롬 수입니다.
· 각 자리 숫자의 합이 15보다 작습니다.

천의 자리가 5인 팰린드롬 수는
5005, 5115, 5225, 5335, 5445, 5555, 5665, 5775, 5885, 5995입니다.
각 자리 숫자의 합이 15보다 작으므로 5005, 5115, 5225가 조건에 맞습니다. 따라서 모두 3가지입니다.

동영상 특강
QR 코드를 찍어 보세요!⟶

3 다음과 같은 과녁에 다트 4개를 하나씩 던져서 맞힌 숫자로 네 자리 수를 만들려고 합니다. 만들 수 있는 수 중 각 자리 숫자의 합이 6인 수는 모두 몇 개입니까? **10개**

네 수의 합이 6이 되는 경우를 먼저 찾아봐.

네 숫자의 합이 6이 되는 경우는 (1, 1, 1, 3), (1, 1, 2, 2)입니다.
각 경우마다 네 자리 수를 만들면
(1, 1, 1, 3)➔ 1113, 1131, 1311, 3111
(1, 1, 2, 2)➔ 1122, 1212, 1221, 2112, 2121, 2211
따라서 모두 10개입니다.

4 1부터 2씩 뛰어 세어 999까지 썼습니다. 사용한 숫자 2는 모두 몇 개입니까? **100개**

1 3 5 7 9 11 13 15 17 19 21 …… 997 999

① 1에서 2씩 뛰어 세면 홀수이므로 숫자 2는 일의 자리에 사용되지 않습니다.
② 2가 십의 자리에 사용되는 경우는 21, 23, 25, 27, 29, 121, 123, 125, 127, 129, 221, 223, 225,……, 929이므로 5×10=50(개)입니다.
③ 2가 백의 자리에 사용되는 경우는 201, 203, 205,……, 299이므로 50개입니다.
따라서 사용한 숫자 2는 모두 100개입니다.

Chapter 4 분수와 소수

⑩ 분수만큼

떡장수 할머니는 팔고 남은 떡 24개를 가지고 집으로 돌아가고 있었습니다. 할머니가 고갯길에 접어들었을 때 갑자기 무서운 호랑이가 나타났습니다.

할멈! 가진 떡의 절반을 내놓으면 안 잡아먹지!

에그머니나! 떡을 줄테니 살려줘.

어쩔 수 없이 할머니는 호랑이가 달라는 대로 떡을 주었고, 떡을 다 먹은 호랑이는 숲 속으로 사라졌습니다. 할머니는 다시 출발하였지만 얼마 안 가 다시 호랑이가 나타났습니다.

할멈! 남은 떡의 3분의 2를 내놓으면 안 잡아먹지!

에휴, 내 팔자야.

호랑이에게 떡을 두 번 주고 떡장수 할머니에게 남은 떡은 몇 개인지 그림을 이용하여 구하시오. **4개**

① 호랑이가 처음 가져간 떡

② 호랑이가 두 번째로 가져간 떡

76 C1 수

● ● 안의 수만큼씩 묶고 ▢ 안에 알맞은 수를 써넣으시오.

⑤
→ 20의 $\frac{3}{4}$ 은 **15**

예 ④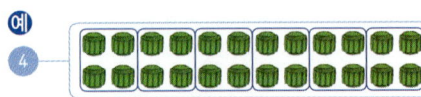
→ 24의 $\frac{5}{6}$ 는 **20**

예 ⑦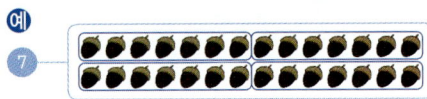
→ 28의 $\frac{1}{4}$ 은 **7**

 **노크 포인트**

시간을 분수로 나타내는 여러 가지 표현이 있습니다.
① 반기와 분기: 일년을 절반으로 나누어 앞의 절반을 상반기, 뒤의 절반을 하반기라 부릅니다. 일년은 12개월이므로 한 반기는 6개월입니다. 일년을 넷으로 나눈 하나를 분기라고 하며, 한 분기는 3개월입니다.
② 반과 반의 반: $\frac{1}{2}$ 은 '반', $\frac{1}{4}$ 은 '반의 반'이라고 합니다. 1시간을 기준으로 하여 반 시간은 30분, 반의 반 시간은 15분을 나타냅니다.

Chapter 4 분수와 소수 77

전체의 몇 분의 몇

태경이와 친구들은 12개의 사탕을 가지고 있습니다.

 4개는 딸기맛이야.
태경

 딸기맛을 뺀 나머지의 $\frac{5}{8}$ 는 바나나맛이야.
지오

 사탕은 딸기맛, 바나나맛, 계피맛 3가지가 있어.
아인

초이가 계피맛 사탕 몇 개를 딸기맛 사탕으로 바꾸었더니 전체의 $\frac{1}{2}$ 이 딸기맛 사탕이 되었습니다. 초이가 바꾼 계피맛 사탕은 몇 개인지 구해 봅시다.

❶ 4개가 딸기맛입니다. 바나나맛과 계피맛 사탕은 각각 몇 개입니까?
바나나맛: 5개, 계피맛: 3개

12개
딸기맛 / 바나나맛 / 계피맛

❷ 딸기맛 사탕이 전체의 $\frac{1}{2}$ 이 되려면 계피맛 사탕 몇 개를 딸기맛 사탕으로 바꾸어야 합니까? **2개**

딸기맛 사탕이 전체의 $\frac{1}{2}$ 이 되어야 하므로 딸기맛 사탕은 6개입니다.
따라서 계피맛 사탕 2개를 딸기맛 사탕으로 바꾸어야 합니다.

78 C1 수

[설문 조사 결과]
1 초이네 반 학생 24명에게 가장 가고 싶은 소풍 장소에 대한 설문 조사를 하였더니 전체의 $\frac{1}{2}$ 은 동물원을, 전체의 $\frac{1}{3}$ 은 놀이공원을, 전체의 $\frac{1}{8}$ 은 박물관을 골랐습니다. 아무 곳도 고르지 않은 학생은 몇 명입니까? **1** 명

동물원을 고른 학생: 24의 $\frac{1}{2}$ 은 12명
놀이공원을 고른 학생: 24의 $\frac{1}{3}$ 은 8명
박물관을 고른 학생: 24의 $\frac{1}{8}$ 은 3명
아무 곳도 고르지 않은 학생: 24-12-8-3=1(명)

[수 카드 넣기]
2 다음과 같은 수 카드 4장 중 3장을 ▢ 안에 넣어 올바른 말이 되도록 만들려고 합니다. 올바르게 카드를 넣는 방법은 모두 몇 가지입니까? **4가지**

 2 3 6 18
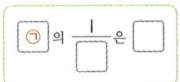 ㉠의 $\frac{1}{▢}$ 은 ▢

①㉠에 18이 들어갈 때
18의 $\frac{1}{3}$ 은 6
18의 $\frac{1}{6}$ 은 3

②㉠에 6이 들어갈 때
6의 $\frac{1}{2}$ 은 3
6의 $\frac{1}{3}$ 은 2

따라서 카드를 넣는 방법은 모두 4가지입니다.

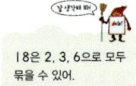 18은 2, 3, 6으로 모두 묶을 수 있어.

Chapter 4 분수와 소수 79

정답 및 해설 **17**

🐪 시간과 분수

아인이는 하루 24시간의 $\frac{1}{3}$은 잠을 자고, $\frac{1}{4}$은 학교에서 보내고, $\frac{1}{8}$은 밥을 먹습니다. 남는 시간 중 2시간은 학원에 있고, 그 외의 시간은 자유 시간입니다. 자유 시간은 몇 시간인지 구해 봅시다.

❶ 다음은 하루 24시간을 원 모양으로 나타낸 그림입니다. 잠자는 시간, 학교에서 보내는 시간, 밥을 먹는 시간을 분수로 나타낸 것을 그려 보고, 각각의 시간을 구하시오.

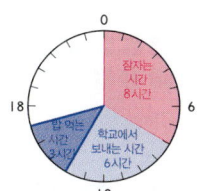

원 모양의 $\frac{1}{3}$만큼 색칠하면 잠자는 시간을 알 수 있어.

❷ 잠을 자고, 학교에서 보내고, 밥을 먹는 시간을 뺀 나머지 시간은 모두 몇 시간입니까? **7시간**

$24 - 8 - 6 - 3 = 7$(시간)

❸ 자유 시간은 몇 시간입니까? **5시간**

남는 시간 중 2시간은 학원에 있는 시간이므로 자유 시간은 $7 - 2 = 5$(시간)입니다.

[시계 분수]

1 1시간은 60분입니다. 시간을 분으로 나타낼 때, ☐ 안에 알맞은 수를 써넣으시오.

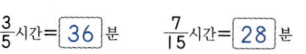

$\frac{3}{5}$시간 = ☐36☐ 분 $\frac{7}{15}$시간 = ☐28☐ 분

① 60분을 5로 나눈 것 중 3이므로 $60 \div 5 = 12$, $12 \times 3 = 36$(분)
② 60분을 15로 나눈 것 중 7이므로 $60 \div 15 = 4$, $4 \times 7 = 28$(분)

[기차 여행]

2 태경이는 서울에서 부산까지 2시간 30분 동안 KTX를 타고 갔습니다. 가는 시간 중 $\frac{1}{2}$은 책을 읽었고, $\frac{2}{5}$는 잠을 잤고, 나머지 시간은 도시락을 먹었습니다. 태경이가 도시락을 먹은 시간은 몇 분입니까? **15분**

KTX를 탄 2시간 30분을 15분 간격으로 나누어 그림으로 나타내고 책을 읽은 시간과 잠을 잔 시간을 나타내면 다음과 같습니다.

2시간 30분을 15분씩 나누어서 생각해 봐.

책을 읽은 시간	잠을 잔 시간
1시간	2시간 2시간 30분

남는 시간은 15분이므로 도시락을 먹은 시간은 15분입니다.

---

⑪ 분수 문제 해결

옛날 옛날에 더운 사막 지방에 살던 한 노인이 세 아들에게 낙타를 나누어 주기로 하고, 세 아들을 불러서 다음과 같이 말했습니다.

우리 집에 있는 낙타 17마리 중 첫째는 낙타의 2분의 1을 갖고, 둘째는 3분의 1을 갖고, 막내는 9분의 1을 가지거라.

하지만 낙타 17마리는 2로도, 3으로도, 9로도 나누어떨어지지 않아서 세 아들은 고민에 빠졌습니다. 그때 마침 근처를 지나던 상인이 세 아들에게 다음과 같이 말했습니다.

고맙습니다.

내가 낙타 1마리를 빌려 주면 세 사람이 낙타를 나누어 가질 수 있을 거요.

세 아들은 상인의 말에 따라 낙타를 아버지의 뜻대로 나눈 다음, 다시 1마리를 상인에게 돌려주었습니다.

🐪 상인에게 빌린 낙타까지 낙타는 모두 18마리입니다. 세 아들이 가지는 낙타 수를 각각 ☐ 안에 써넣으시오.

첫째 아들   둘째 아들

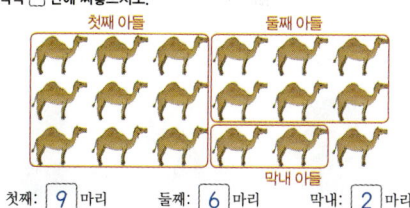

막내 아들

첫째: ☐9☐ 마리   둘째: ☐6☐ 마리   막내: ☐2☐ 마리

첫째: 18마리를 2로 나눈 중 하나이므로 $18 \div 2 = 9$(마리)
둘째: 18마리를 3으로 나눈 것 중 하나이므로 $18 \div 3 = 6$(마리)
막내: 18마리를 9로 나눈 것 중 하나이므로 $18 \div 9 = 2$(마리)

🧙 노크 포인트

분수는 크게 진분수와 가분수로 나눌 수 있고, 가분수는 대분수로 바꾸어 나타낼 수 있습니다.

① 진분수: 분자가 분모보다 작은 분수

$\frac{1}{2} \quad \frac{2}{3} \quad \frac{3}{5} \quad \frac{8}{8}$

② 가분수: 분자가 분모보다 크거나 같은 분수

$\frac{3}{2} \quad \frac{9}{4} \quad \frac{6}{5} \quad \frac{7}{7}$

③ 대분수: 자연수와 진분수로 이루어진 분수

$1\frac{5}{10} \quad 2\frac{2}{3} \quad 5\frac{3}{4}$

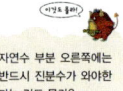

분수 만들기

84 · 85

다음 숫자 카드 5장 중 3장을 골라 한 번씩 사용하여 만들 수 있는 가장 큰 대분수와 가장 작은 대분수를 각각 구해 봅시다.

❶ 가장 큰 대분수를 만들려면 자연수 부분에 어떤 숫자가 들어가야 합니까? 7

❷ 가장 큰 숫자를 뺀 나머지 숫자로 만들 수 있는 가장 큰 진분수를 구하시오. $\frac{3}{4}$

분자가 크고 분모가 작을수록 더 큰 분수가 되지.

1, 3, 4, 6으로 만들 수 있는 진분수는 $\frac{1}{3}, \frac{1}{4}, \frac{4}{6}, \frac{3}{4}, \frac{3}{6}, \frac{4}{6}$ 입니다.

❸ 가장 작은 대분수를 만들려면 자연수 부분에 어떤 숫자가 들어가야 합니까? 1

❹ 가장 작은 숫자를 뺀 나머지 숫자로 만들 수 있는 가장 작은 진분수를 구하시오. $\frac{3}{7}$

가장 작은 진분수는 3, 4, 6, 7 중 가장 큰 숫자인 7이 분모이고,
가장 작은 숫자인 3이 분자인 $\frac{3}{7}$ 입니다.

❺ 만들 수 있는 가장 큰 대분수와 가장 작은 대분수를 각각 쓰시오.

가장 큰 대분수: $7\frac{3}{4}$ 　　가장 작은 대분수: $1\frac{3}{7}$

[만들 수 있는 대분수]

1 다음 숫자 카드 4장 중 3장을 골라 한 번씩 사용하여 만들 수 있는 대분수는 모두 몇 개입니까? 12개

자연수 부분 오른쪽에는 반드시 진분수가 와야 한다는 것도 몰라?

2 5 6 9

자연수 부분이 9인 대분수를 만들어 보면
① 분모가 6인 분수: $9\frac{5}{6}, 9\frac{2}{6}$
② 분모가 5인 분수: $9\frac{2}{5}$
모두 3개입니다.
자연수 부분이 2, 5, 6일 때에도 같은 방법으로 만들 수 있는 대분수는 각각 3개이므로 만들 수 있는 대분수는 모두 3×4＝12(개)입니다.

[조건에 맞는 분수]

2 조건 에 맞는 분수를 모두 구하시오. $\frac{7}{13}, \frac{8}{12}, \frac{9}{11}$

$\frac{1}{2}$ 보다 큰 분수는 분자의 2배가 분모보다 크단다.

> **조건**
> ・분모와 분자의 합이 20인 진분수입니다.
> ・$\frac{1}{2}$ 보다 큰 분수입니다.

분모와 분자의 합이 20인 진분수를 작은 순서대로 모두 쓰면
$\frac{1}{19}, \frac{2}{18}, \frac{3}{17}, \frac{4}{16}, \frac{5}{15}, \frac{6}{14}, \frac{7}{13}, \frac{8}{12}, \frac{9}{11}$ 입니다.
이 중 $\frac{1}{2}$ 보다 큰 분수는 $\frac{7}{13}, \frac{8}{12}, \frac{9}{11}$ 입니다.

🐾 분수 규칙

86 · 87

다음은 어떤 규칙에 따라 분수를 늘어놓은 것입니다. 오른쪽 도형에 6번째 분수만큼 색칠해 봅시다.

$\frac{1}{20}$ $\frac{3}{19}$ $\frac{5}{18}$ $\frac{7}{17}$ ……

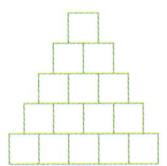

❶ 분자의 규칙을 알아보려고 합니다. 분자는 몇씩 커지고 있습니까? 2

1　3　5　7　……

❷ 분모의 규칙을 알아보려고 합니다. 분모는 몇씩 작아지고 있습니까? 1

20　19　18　17　……

❸ 6번째 분수를 구하고, 분수만큼 색칠해 보시오. $\frac{11}{15}$

$\frac{1}{20}, \frac{3}{19}, \frac{5}{18}, \frac{7}{17}, \frac{9}{16}, \frac{11}{15}$

$\frac{11}{15}$ 이므로 15칸 중 11칸을 색칠합니다.

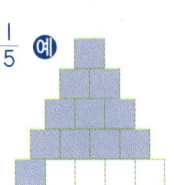
예

[숨은 분수 찾기]

1 다음은 규칙에 따라 분수를 늘어놓은 것입니다. 빈 곳에 알맞은 분수를 써넣으시오.

$\frac{1}{14}$ — $\frac{2}{13}$ — $\frac{3}{12}$ — $\frac{4}{11}$ — $\frac{5}{10}$ — $\frac{6}{9}$

분자는 1씩 커지고, 분모는 1씩 작아지는 규칙이므로
빈 곳에 알맞은 분수는 $\frac{3}{12}, \frac{6}{9}$ 입니다.

분자는 커지고~ 분모는 작아진다네~.

[최초의 가분수]

2 다음은 규칙에 따라 분수를 늘어놓은 것입니다. 처음 가분수가 되는 분수는 몇 번째 분수입니까? 7번째

$\frac{2}{30}$ $\frac{4}{27}$ $\frac{6}{24}$ $\frac{8}{21}$ ……

분자와 분모가 몇씩 커지는지 또는 몇씩 작아지는지 찾아야 해.

분자는 2씩 커지고, 분모는 3씩 작아지는 규칙입니다. 규칙에 맞게 분자, 분모를 표로 나타내어 보면 다음과 같습니다.

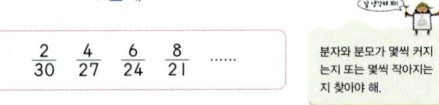

순서	①	②	③	④	⑤	⑥	⑦	……
분자	2	4	6	8	10	12	14	……
분모	30	27	24	21	18	15	12	……

따라서 처음으로 분자가 분모보다 커지는 것은 7번째입니다.

정답 및 해설 　**19**

⑫ 분수와 소수

소수는 분수보다 3000년이나 지난 뒤에 만들어졌는데, 네덜란드의 수학자 시몬 스테빈이 처음으로 소수를 사용하였습니다.

스테빈은 원래 군대에서 여러 가지 돈 계산을 하였는데 계산 결과를 효율적으로 나타내고 비교하는 데 분수가 불편하다는 사실을 깨닫게 되었습니다. 그래서 스테빈은 분수와 비슷하지만 좀 더 알아보기 쉬운 소수를 만들고, 소수의 개념을 정리하여 책으로 출판하였습니다.

> 5를 절반으로 나누면 2와 2분의 1로 나타내야 하는데 2.5와 같이 나타내면 수의 크기를 더 쉽게 알 수 있지 않을까?

스테빈이 처음 사용한 소수는 지금과 다른 형태였습니다. 현재의 0.435를 스테빈은 '4①3②5③'과 같이 나타내었습니다. 현재와 같은 소수의 형태를 처음 사용한 사람은 이탈리아의 수학자 피보나치입니다.

스테빈의 소수를 현재의 소수로 바꾸어 나타내시오.

2⓪7② → **0.27**

2⓪2②3③ → **0.223**

0⓪8②9③ → **0.089**

5⓪1②4③ → **0.514**

수직선의 위쪽에는 분수, 아래쪽에는 소수를 나타내었습니다. ☐ 안에 알맞은 분수나 소수를 써넣으시오.

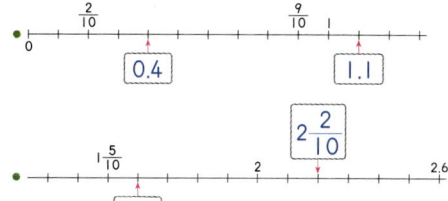

0.4   **1.1**

$2\frac{2}{10}$

1.6

$5\frac{7}{10}$

4.8

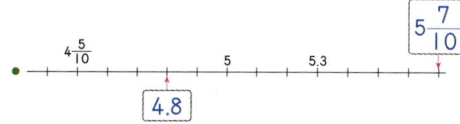

개념 포인트

① 시몬 스테빈의 소수 표기법: 각 자리의 순서를 원 숫자로 표현	4①5②
② 크리스토프 루돌프의 소수 표기법: 소수점 대신 막대(/)를 사용	0/45
③ 과거 영국의 소수 표기법: 소수점 대신 가운데 점(·) 사용	0·45
④ 현재 프랑스의 소수 표기법: 소수점 대신 쉼표(,) 사용	0,45

🐻 소수 만들기

다음 숫자 카드 4장 중 3장을 골라 ☐안에 넣어서 올바른 식을 만들어 봅시다. 두 가지 방법이 있습니다.

   1 2 4 5 $\frac{\square}{\square} < 0.\square$

> 일단 한번 만들어 보자. 가장 작은 분수를 만들면 $\frac{1}{5}$, 5와 1을 빼고 가장 큰 소수를 만들면 0.4. 찍기 신공 성공!

> 숫자 카드를 사용하여 만들 수 있는 가장 큰 소수는 0.5야. 만든 분수는 $\frac{1}{2}$보다 작아야 해.

❶ 숫자 카드를 사용하여 만들 수 있는 가장 큰 소수는 $0.5(=\frac{1}{2})$입니다. 숫자 카드로 $\frac{1}{2}$보다 작은 분수를 모두 만들어 보시오. $\frac{1}{4}, \frac{1}{5}, \frac{2}{5}$

❷ ❶에서 만든 분수에 나머지 숫자 카드의 수를 사용하여 소수를 만들어 식이 성립되는 경우를 모두 찾아보시오.

$\frac{1}{4} < 0.\boxed{5}$ $\frac{1}{5} < 0.\boxed{4}$

[가장 큰 소수, 가장 작은 소수]

1 다음 숫자 카드 5장 중 2장을 골라 한 번씩 사용하여 만들 수 있는 가장 작은 소수 한 자리 수와 가장 큰 소수 한 자리 수를 각각 구하시오.

0 1 2 4 5

가장 큰 소수: $\boxed{5}.\boxed{4}$ 가장 작은 소수: $\boxed{0}.\boxed{1}$

· 가장 큰 소수: 자연수 부분에 가장 큰 숫자인 5가 들어가고, 소수 첫째 자리에 두 번째로 큰 숫자인 4가 들어가므로 5.4입니다.
· 가장 작은 소수: 자연수 부분에 가장 작은 숫자인 0이 들어가고, 소수 첫째 자리에 두 번째로 작은 숫자인 1이 들어가므로 0.1입니다.

[소수 한 자리 수 만들기]

2 다음 숫자 카드 중 2장 또는 3장과 소수점을 사용하여 만들 수 있는 소수 한 자리 수는 모두 몇 개입니까? **12개**

1 5 9

① 2장으로 만들 수 있는 소수 한 자리 수
   1.5, 1.9, 5.1, 5.9, 9.1, 9.5
② 3장으로 만들 수 있는 소수 한 자리 수
   15.9, 19.5, 51.9, 59.1, 91.5, 95.1
따라서 모두 12개입니다.

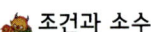

조건과 소수

조건 을 만족하는 소수는 모두 몇 개인지 구해 봅시다.

조건
- 2보다 크고 4보다 작은 소수 한 자리 수입니다.
- 소수점 아래 숫자는 홀수입니다.
- 자연수 부분의 숫자와 소수점 아래 숫자의 합은 10보다 큽니다.

소수점 아래 숫자 1개가 있는 수가 소수 한 자리 수야.

❶ 첫 번째 조건을 만족하는 소수 중 가장 작은 수와 가장 큰 수를 각각 구하시오.

가장 작은 수: 2 . 1 가장 큰 수: 3 . 9

❷ 첫 번째 조건을 만족하는 소수 중 두 번째 조건을 만족하는 소수를 모두 구하시오.

2.1 2.3 2.5 2.7

2.9 3.1 3.3 3.5

3.7 3.9

❸ ❷에서 찾은 소수 중 세 번째 조건을 만족하는 수는 모두 몇 개입니까? 2개
❷에서 찾은 소수 중 자연수 부분과 소수 첫째 자리 숫자의 합이 10보다 큰 수는
2.9, 3.9입니다. 따라서 조건을 만족하는 수는 모두 2개입니다.

92 C1 수

[소수 사이 소수]

1 소수점 아래 숫자가 홀수라고 할 때 다음을 만족하는 소수 한 자리 수는 모두 몇 개입니까? 17개

$4 < \square . \square < 7.5$

4.1, 4.3, 4.5, 4.7, 4.9, 5.1, 5.3, 5.5, 5.7, 5.9,
6.1, 6.3, 6.5, 6.7, 6.9, 7.1, 7.3

4 < 4.1
7.4 < 7.5

[조건에 맞는 소수]

2 조건 을 만족하는 소수를 모두 구하시오. 4.2, 5.2, 5.4

조건
- 4와 6 사이의 소수 한 자리 수입니다.
- 자연수 부분의 숫자가 소수점 아래의 숫자보다 큽니다.
- 소수점 아래의 숫자는 짝수입니다.

첫 번째 조건과 두 번째 조건에 맞는 소수는
4.1, 4.2, 4.3, 5.1, 5.2, 5.3, 5.4
이 중 세 번째 조건에 맞는 소수는 4.2, 5.2, 5.4입니다.

Chapter 4 분수와 소수 93

창의적 문제해결력

1 어떤 나비는 알 - 애벌레 - 번데기 - 성충의 일생을 거칩니다. 나비는 태어나서 일생의 $\frac{1}{8}$은 알로 있고, 알에서 깨어나 일생의 $\frac{1}{3}$은 애벌레로 있고, 다시 번데기로 일생의 $\frac{1}{6}$을 보낸 다음, 성충으로 지내는 시간은 나머지 18주입니다. 이 나비의 일생은 몇 주입니까? 48주

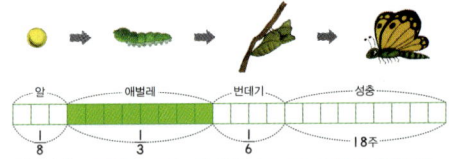

알   애벌레   번데기   성충
$\frac{1}{8}$ $\frac{1}{3}$ $\frac{1}{6}$ 18주

그림 9칸이 18주와 같으므로 그림 1칸은 18÷9=2(주)를 나타냅니다.
따라서 나비의 일생은 2×24=48(주)입니다.

2 다음 숫자 카드 5장 중 3장을 골라 한 번씩 사용하여 만들 수 있는 대분수 중 두 번째로 작은 대분수를 구하시오. $3\frac{4}{8}$

3 4 5 8 9

가장 작은 대분수는 자연수 부분이 3이 되어야 합니다.
3을 뺀 나머지 4, 5, 8, 9로 만들 수 있는 진분수는
$\frac{4}{5}, \frac{4}{8}, \frac{5}{8}, \frac{4}{9}, \frac{5}{9}, \frac{8}{9}$입니다.
이 분수를 작은 순서대로 쓰면 $\frac{4}{9} < \frac{4}{8} < \frac{5}{9} < \frac{5}{8} < \frac{4}{5} < \frac{8}{9}$이므로
두 번째로 작은 대분수는 $3\frac{4}{8}$입니다.

94 C1 수

📍 **동영상 특강**
QR 코드를 찍어 보세요!

3 다음은 규칙에 따라 분수를 늘어놓은 것입니다. 9번째 분수를 소수로 나타내시오. 9.9

$\frac{3}{2}$ $\frac{8}{3}$ $\frac{15}{4}$ $\frac{24}{5}$ $\frac{35}{6}$ ......

분모는 1씩 커지는 규칙이므로 9번째 분수의 분모는 10입니다.
분자는 3, 8, 15, 24, 35와 같이
(+5, +7, +9, +11)
커지는 수가 2씩 늘어나는 규칙이므로
9번째 분수의 분자는 35+13+15+17+19=99입니다.
따라서 9번째 분수는 $\frac{99}{10} = 9\frac{9}{10}$이므로 소수로 나타내면 9.9입니다.

4 다음 숫자 카드 중 3장을 골라 식이 성립하도록 □ 안에 알맞은 수를 써넣으시오. 4가지 방법이 있습니다.

1 2 4 5

$\frac{1}{5} = 0.2$ $\frac{1}{2} = 0.5$

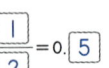
$\frac{2}{5} = 0.4$

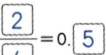
$\frac{2}{4} = 0.5$

먼저 소수를 만들고, 만든 소수와 크기가 같은 분수를 만들면 돼.

소수점 아래에 1을 넣으면 0.1이 되는 분수는 만들 수 없습니다.
소수점 아래에 2를 넣으면 $\frac{1}{5} = 0.2$ 소수점 아래에 4를 넣으면 $\frac{2}{5} = 0.4$
소수점 아래에 5를 넣으면 $\frac{1}{2} = 0.5$, $\frac{2}{4} = 0.5$

따라서 $\frac{1}{5} = 0.2$, $\frac{2}{5} = 0.4$, $\frac{1}{2} = 0.5$, $\frac{2}{4} = 0.5$

Chapter 4 분수와 소수 95

정답 및 해설 **21**

MEMO

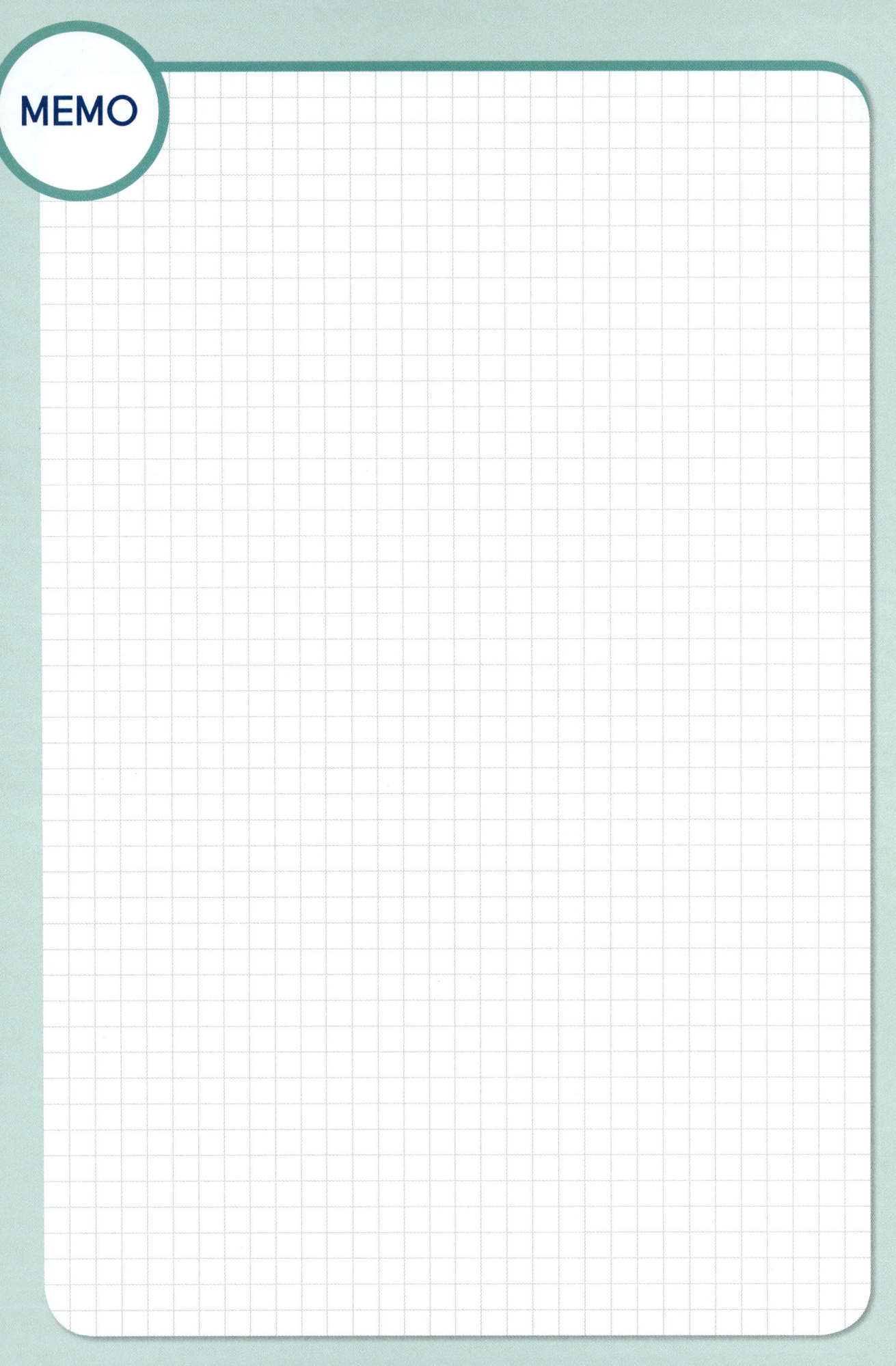

MEMO

MEMO